Carola Schuster-Brink

Mit Kindern den Herbst erleben

Das Beschäftigungsbuch für Kinder von vier bis acht Jahren

100 Spiel- und Bastelideen für drinnen und draußen

W0377482

SÜDWEST

Inhalt

Der Herbst bietet Kindern eine Fülle an Farben, Formen, an Sammel- und Bastelspaß.

Was schnattert, was flattert, was raschelt im Stroh: Aus dem Leben der Gänse im Herbst.

Bastelspaß für groß und klein: So bringt man Leben ins Puppenhaus.

Auch der Herbst hat seine Blüte: Jetzt entfalten die Astern ihre volle Pracht.

Liebe Eltern

Das Wort »Herbst« kommt vom althochdeutschen »herbist« und heißt »Pflückzeit«.

Herbstzeit ist Kinderzeit. Nie ist die Welt so bunt wie jetzt, und sie verändert sich täglich aufs neue. Für Kinder eine Zeit zum Staunen.
Wer den Herbst mit Kindern erlebt, dem wachsen große Kinderaugen, große Kindernasen und große Kinderhände, um die bunte Herrlichkeit, die vielfältigen Gerüche und greifbaren Naturkostbarkeiten mit allen Sinnen zu erfassen.
Jede Jahreszeit hat ihre eigenen Düfte. Im Herbst riecht es nach Laub und Marmelade, nach Moos und Kartoffelfeuer, nach Schneeluft und Stollen, nach Nebel und Tannen. Und: Jede Jahreszeit hat ihre Farben. Bevor der Winter kommt, bevor es draußen kalt wird und die Natur zu schlafen scheint, tischt der bunte Herbst noch einmal mit aller Kraft Früchte und Farben auf, Gerüche und Geräusche als Wegzehr für den langen, langen Winter.
In diesem Buch führen alle Seiten zum Herbst:

- Der Besuch auf dem Wochenmarkt und die bunte Vielfalt der Kinderküche
- Die Naturseiten, auf denen die Kinder ganz nah sehen und erleben können, wie mächtig sich der Herbst ins Zeug legt
- Die Bastelseiten, die für die Kinder Spaß und Abenteuer bringen, aber auch viele Geschenkideen für die bevorstehenden Festtage
- Die Spielseiten mit all den spaßigen und lehrreichen Spielideen für drinnen und draußen
- Die Lieder- und Gedichtseiten, die Verse und Rätsel und die spannende Geschichte zum Vorlesen und Nacherzählen
- Und nicht zuletzt die Adventseiten

Wenn der Herbst endet, steht Weihnachten unmittelbar vor der Tür. Der Kalender wird immer dünner, und die Tage werden immer kürzer. Bald fällt der erste Schnee, und die Natur ruht unter der weißen Decke aus.
Bis dahin aber heißt es: Dem Herbst leibhaftig begegnen, raus in die Natur! Wald und Wiese, Park und Bach und Fluß sind jetzt die Bühne, auf der der Herbst zeigt, was er kann. Und er kann allerhand, wie wir auf den folgenden Seiten noch sehen werden.

Noch einmal blüht alles in leuchtender Fülle. Die Farben des Herbstes künden von Reife und Harmonie.

Von Jahr und Zeit

Der Kalender richtete sich früher nach dem Umlauf des Mondes um die Erde – ein Monat entspricht in etwa einem Mondzyklus.

365 Tage hat das Jahr. Schaltjahre haben mehr, weil dann der Februar um einen Tag länger ist. Tag und Nacht verteilen sich auf 24 Stunden – 365mal im Jahr. In diesen 24 Stunden dreht sich der kleine Zeiger der Uhr zweimal um das Zifferblatt, der große Zeiger dagegen 24mal. Sieben Tage hintereinander – von Montag bis Sonntag – werden als Woche bezeichnet. Das Jahr hat 52 Wochen, sie verteilen sich auf zwölf Monate. Die zwölf Monate des Jahres kann man sich am besten wie eine Uhr vorstellen. Das Jahr beginnt mit dem 1. Januar und endet mit dem 31. Dezember. Dann folgt wieder

ein neues Jahr. Wieder und wieder. Die letzten Dezembertage und die ersten drei Monate in jedem neuen Jahr heißen Winter.

Danach folgen drei Frühlingsmonate, dann drei Sommermonate, dann drei Herbstmonate. Dann ist das Jahr zu Ende, die Jahresuhr abgelaufen. Und gleich darauf dreht sie sich weiter. Und wieder beginnen ein neues Jahr, ein neuer Monat, eine neue Woche, ein neuer Tag, eine neue Stunde – und alle drei Monate eine neue Jahreszeit.

Heute richten sich die Kalendermacher nach der Sonne, für deren Umkreisung unsere Erde ziemlich genau ein Jahr braucht.

Ein Baum im Wandel der Jahreszeiten

Die Kastanie im Herbst

Vorsicht! Unter diesem Baum sollte man am besten einen stabilen Hut tragen. Es plumpst und kullert in einem fort. Und wenn der Wind bläst, plumpst es im Sekundentakt: mal Frucht, mal Schale. Dazwischen wehen lautlos grüngelbe, ockerfarbene, braune Blätter, die wie große bunte Hände aussehen.

»Aesculus hippocastanum« heißt der Baum in der Fachsprache der Botaniker, manchmal auch »Gemeine Roßkastanie«. Die Kinder kennen ihn als Kastanie, weil im Herbst unzählige von diesen Früchten zu seinen Füßen liegen.

Eine Kastanie in der Jackentasche schützt dem Volksmund nach vor Rheuma.

Nahrung für den Winter

Mancherorts werden die Kastanien fleißig gesammelt. Da sind die Bastler unterwegs. Aber ein großer Teil der gesammelten Kastanien wird bei den Forstämtern gehortet und im Winter an die Futterplätze der Wildtiere gelegt. Hirsche, Rehe und Wildschweine sind die dankbaren Abnehmer.

Die Kastanie auf dem Bild rechts ist fast 30 Meter hoch und so alt, daß die Leute im Dorf sich nicht daran erinnern können, seit wann der Baum da steht.

Je weiter der Herbst voranschreitet, desto mehr verlieren die Blätter ihre Grün- und Goldtöne, bald sind sie nur noch braun. Dann dauert es nicht mehr lange, bis der Herbstwind in die Äste fährt und den Baum leer fegt, als hätte er niemals auch nur ein einziges Blatt besessen.

In der Regel wird eine Kastanie etwa 30 Meter hoch. In Bulgarien gibt es jedoch bis zu 50 Meter hohe Exemplare.

Jede Jahreszeit hat ihre Farben

Der Herbst

Jetzt im Herbst sind alle Farben kräftiger. Die flirrende Sommerhitze ist vorüber, und alles hat scharf umrissene Konturen.

Ende August, Anfang September läßt in unseren Breitengraden die große Hitze nach. Die Sonne steht nicht mehr so hoch am Himmel. Obwohl es tagsüber immer noch sehr warm sein kann, kühlt der Boden nachts ab. Warme Luft streicht über den kalten Boden und kühlt sich ab. Dabei kondensiert der in ihr enthaltene Wasserdampf und bildet winzig kleine Tröpfchen, den Nebel. Dadurch erscheint die Welt morgens in einem Zauberglanz. Spinnweben werden an Ästen sichtbar, und weißlicher Nebelhauch schwebt über den Wiesen. Über dem Bodennebel scheint am strahlendblauen Himmel die Sonne. Ihr Licht ist klar und warm. Im Laufe des Vormittags lösen sich die Nebel auf. Plötzlich scheint die Landschaft in klarem Licht und klaren Farben.

Die sommertrockenen Wiesen werden nochmals tiefgrün. Herbstzeitlosen setzen in sumpfigen Gegenden violette Akzente. In Bauerngärten blühen bunte Dahlien und Chrysanthemen in warmen Farben: Rot, Gelb, Violett, Rostrot und Orange.

Nur an den Bäumen sieht man, daß sich das Jahr seinem Ende zuneigt. Ihre Kronen beginnen, sich zu verfärben. Die lichten sommergrünen Blätter werden gelb, gelb-rot, orange, rostrot und tiefrot. Ihre Farbenpracht währt nur kurz: Nach dem ersten Frost verlieren sie ihre Kraft und fallen ab. Im Spätherbst, wenn die Äcker umgepflügt und von großen braunen Schollen bedeckt sind, herrschen Tiefgrün und Braun in der Landschaft vor. Die Laubbäume strecken ihre braunen, knorzigen, kahlen Äste in den azurblauen Himmel. Fichten, Kiefern und Tannen bringen mit den Wiesen die Grüntöne. Jetzt leuchten die Farben nicht mehr. Sie sind eher gedeckt.

Zuerst ausprobieren, wie die Farben zueinander stehen, dann können sie dick und satt, fast ohne Wasser aufgesogen werden. Im Vordergrund sind sie jedoch kräftiger als im Hintergrund.

Wer malt mit?

Ein Herbstbild läßt sich am besten mit Wasserfarben maler Jetzt kann man die Farben fast pur aus den Farbtöpfchen nehmen, weil auch in der Landschaft die Farben kräftig erscheinen. Ein großes, saugfähiges Papier, ein Bleistift und verschieden dicke Pinsel – und los geht's! Wichtig ist vor all daß man sich für ein Motiv entscheidet, das für den Herbst wirklich typisch ist.

Vorübungen

Wer noch nicht so geübt ist, kann sein Bild erst einmal mit I stift vormalen. Alle Gegenstände in einer Landschaft kann r stark vereinfachen, indem man sie in geometrische Formen zerlegt. Kreise, Rechtecke, Quadrate, Dreiecke, Rauten, Spir usw. kann jeder erst einmal für sich auf einem Blatt Papier üben. Wichtig ist, daß man keine Hilfsmittel zur Hand nimı sondern frei aus der Hand zeichnet. Nur dann wirkt das Bil später auch lebendig. Auch die Natur weist immer kleine Ur gelmäßigkeiten auf! Aus welchen Grundformen besteht ein Baum? Eine Windmühle? Ein Drachen? Ein Kind? Büsche? Vögel?
Sobald man die Grundformen beherrscht, kann man sich da machen, einzelne Gegenstände aus ihnen zusammenzusetzer Wer das nebenstehende Bild genau betrachtet, wird einfache Formen finden, mit denen sich leicht ein Bild zusammenbau läßt.

Das Auftragen der Farben

Bevor man das Bild anmalt, kann man erst einmal ein paar Farbübungen machen. Dabei ist zu beachten, daß weniger Farben einen größeren Effekt haben als zu viele. Braun- und Grüntöne eignen sich für die Landschaft, Rot-, Violett- und Gelbtöne für die Blätter und die Blumen.

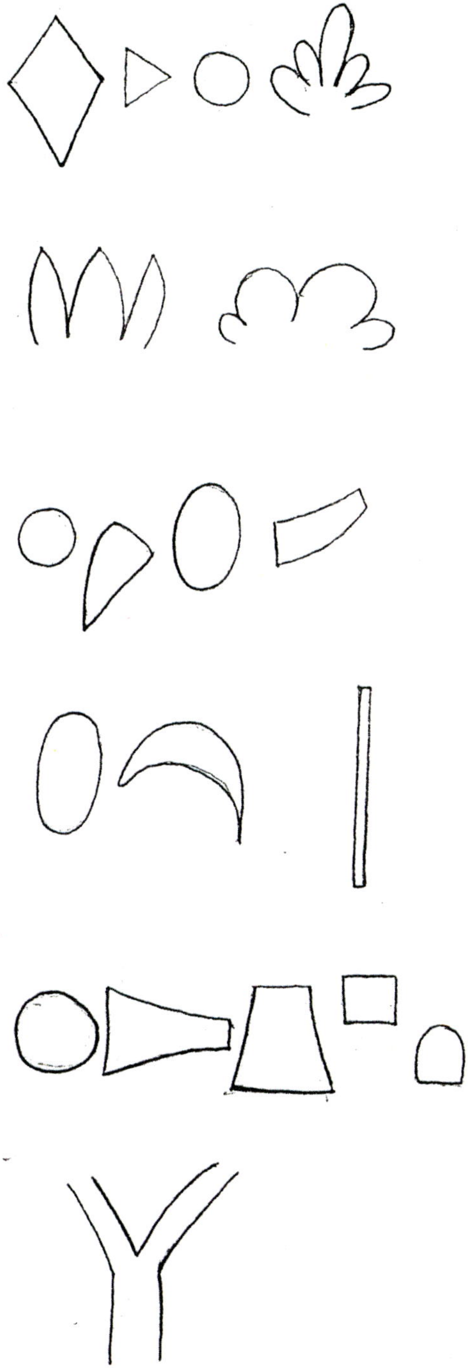

Formen und Farben

Auf der linken Seite des Bildes sind einfache geometrische Formen und Figuren zu sehen, die als Grundelemente für ein Herbstbild verwendet werden können.
Man kann damit üben, wenn man sie auf einem Blatt Papier mit der freien Hand aufzeichnet.
Später können sie dann mit freien Elementen zu einem Gesamtbild vereinigt werden, wie es auf der Seite 11 zu sehen ist.
Viel Freude beim Malen und Zeichnen!

Sehen und staunen

Was gibt es auf dem Wochenmarkt?

Die »Königsknolle«, wie die Kartoffel auch genannt wird, war bis vor 400 Jahren in Europa unbekannt. Erst danach begann sie ihren Siegeszug auf unseren Feldern.

Ende September überfluten Kartoffeln den Wochenmarkt. Eine Zeitlang waren sie als Armeleuteessen verpönt. Jetzt trifft man sie sogar in den feinsten Restaurants wieder, in allen Variationen, sogar als Pellkartoffeln mit frischgestampfter Butter. Frisch vom Markt, ist das ein Genuß!

Die ersten Kürbisse werden jetzt angeboten, daneben Mais, Weißkohl und Feldsalat und – solange der Frost sich zurückhält – vollsaftige und wohlschmeckende Gartentomaten.

Je herbstlicher es wird, desto mehr Pilze und Nüsse, Eßkastanien, Quitten und Früchte, die sich für die Vorratshaltung eignen, werden angeboten. Wer Rosenkohl oder

Prall und saftig sind die Bauernpflaumen, die jetzt auf dem Wochenmarkt angeboten werden.

Grünkohl mag, kommt im Herbst auf seine Kosten. Jetzt ist auch die Zeit des Zwetschgenkuchens. Wer sich darauf versteht, kocht Pflaumenmus nach den Rezepten der Großmutter oder läßt die blauen Früchte im Backofen zu Dörrpflaumen schrumpeln, so daß man Vorrat für einen ganzen langen Winter hat.
Auch am Blumenstand ändert sich die Dekoration. Statt der Sommerblumensträuße tauchen die ersten Gebinde auf. Dahlien und Astern in allen Farben leuchten in der allmählich schwächer werdenden Herbstsonne.
Hier und da tauchen die ersten Adventskränze auf. Tannengrün wird angeboten. Der Wochenmarkt riecht jetzt anders als im Sommer, und seine Farben sind gedämpfter. Auch die Wespen, die uns im Sommer keine Ruhe gelassen haben, werden müde und stechen kaum noch. Kein Zweifel: Es ist Herbst.

Herbstzeit ist Erntezeit. Jetzt gibt es die schönsten und gesündesten einheimischen Früchte- und Gemüsesorten.

Kinderküche – Pflaumen frisch vom Wochenmarkt

Pflaumendessert für Naschkatzen

Wir brauchen dazu:
1 Pfund sehr reife Pflaumen
1/2 Pfund Quark
1 Becher Schlagsahne
2 Eßlöffel Honig
3 Eßlöffel braunen Zucker gemischt mit
1 Prise Salz
5 Eßlöffel Reis, 1 Sträußchen Zitronenmelisse

Pflaumen sind kugelige oder eiförmige, süße, saftige Steinfrüchte. Zur Familie der Pflaumen gehören z. B. Mirabellen, Renekloden und Zwetschgen.

Und so wird's gemacht:

- Zucker in einer beschichteten Pfanne bei mittlerer Hitze ganz langsam flüssig rühren.
- Wenn er goldgelb ist, Reis zugeben und so lange rühren, bis der ganze Zucker vom Reis aufgenommen wurde.

- Die Pflaumen gründlich waschen, entsteinen und vierteln. Die Pflaumenviertel in eine flache Schüssel geben.
- Schlagsahne steif schlagen und Honig darunterziehen. Die süße Masse über den Pflaumen verteilen.

- Zuckerreis darüber streuen.
- Melissenblätter am Rand und in der Mitte der Schüssel dekorativ verteilen.
- Sofort servieren.

Guten Appetit!

Gedämpftes Licht und warme Farben machen den besonderen Reiz des Herbstwaldes aus.

Die zwei Wurzeln

Zwei Tannenwurzeln, groß und alt,
unterhalten sich im Wald.

Was droben in den Wipfeln rauscht,
das wird unten ausgetauscht.

Ein altes Eichhorn sitzt dabei
und strickt wohl Strümpfe
für die zwei.

Die eine sagt: knig!
die andre sagt: knag!
Das ist genug für einen Tag.

Christian Morgenstern

Freude am Herbstwind

Wenn der Wind über die Felder rennt,
renn' ich mit!
Da denk' ich, daß ich fliegen kann,
und guck' mir lustig die Vögel an:
Susewitt! Susewitt!

Wenn der Wind durch die Sträucher und Bäume fegt,
feg' ich mit!
Die Blütenblätter feg' ich zuhauf
und setz' mir vom Ahorn ein Nasenhütchen auf:
Susewitt! Susewitt!

Wenn der Wind durch die Turmluken singt und pfeift,
pfeif' ich mit!
Sein Jodler fällt mir gar nicht schwer,
und den Brummbaß lern' ich so nebenher:
Susewitt! Susewitt!

Paula Dehmel

Der Herbstwind fegt das Laub von den Bäumen. Jetzt wird es für die Vögel Zeit, die Reise in wärmere Gefilde anzutreten.

Wir spielen draußen

Im Oktober kann man das schönste Kinderspielzeug von den Bäumen schütteln oder sich vom Wind dabei helfen lassen.
Jetzt sollte kein Weg zu weit sein, um einmal einen ganzen Tag im Wald zu verbringen. Gerade im Oktober scheint die Sonne oft noch sehr kräftig und macht den Aufenthalt im Freien recht angenehm. Ein Picknick gehört selbstverständlich dazu. Und es versteht sich ebenfalls von selbst, daß von diesem Picknick keine Spur im Wald zurückbleibt.

Richtig unheimlich kann ein Herbststurm im Wald sein. Die Baumwipfel biegen sich mächtig, und es ächzt und knarrt in den Ästen.

Die Stille erleben

Der Wald ist ein Ort der Stille, manchmal auch ein ziemlich kühler Ort. Ein Anorak sollte auch beim schönsten Sonnenschein mit dabeisein. Notfalls dient er als Sitzkissen beim Picknick. Und in seine Taschen kann man ganz nebenbei noch so allerlei Mitbringsel stopfen.
Da es in der Stadt niemals wirklich still ist, erleben gerade Stadtkinder den ganztägigen Aufenthalt im Wald als etwas ganz Besonderes. Hier können sich die Ohren einmal gründlich erholen.
An leisen Orten sprechen Kinder von sich aus leise. Da kann dann auch mit gedämpfter Stimme auf Pflanzen oder Tiere aufmerksam gemacht werden.

Naturkostbarkeiten zum Erinnern

Der Wald ist auch ein Ort für Sammler und Bastler. Und welches Kind ist kein Sammler und gleichzeitig ein passionierter Bastler!
In die mitgebrachten Stoffbeutel wandern Zapfen und Eicheln, Bucheckern, Kastanien, Rinden und herumlie-

gende Wurzeln, kleine Moosballen und Laub und Zweige. Viele Beeren locken zum Mitnehmen, aber Vorsicht: Die meisten sind nicht eßbar oder sogar giftig.
Wer ein Bestimmungsbuch dabei hat, kann jetzt feststellen, wie interessant diese Informationen sein können, wenn das Anschauungsmaterial so bunt und vielfältig ist wie bei einem Aufenthalt im Wald.
Zu Hause werden die mitgebrachten Blätter in einem ausgedienten Telefonbuch oder Katalog gepreßt. Sie eignen sich hervorragend zum Basteln oder als Tischdekoration für ein herbstliches Menü.
Was im Wald blüht, soll auch im Wald bleiben. Die Naturkostbarkeiten, die Kinder am liebsten mögen, gibt

Auch bei Regen ist der Wald ein Erlebnis. Überall rinnt das Wasser und tropft von den Ästen auf den Boden, der noch weicher und tiefer wird.

Aus dem dunkelgrünen Laub leuchten die gelbgrünen Eichelfrüchte. Wenn sie im Spätherbst zu Boden fallen, kann man sie sammeln und hübsche Basteleien daraus anfertigen.

der Wald freiwillig her. Vieles davon ist nur kurzlebig, anderes hält sich länger.

Verantwortung für die Umwelt

Ein Waldspaziergang ist eine gute Gelegenheit, Kindern den Gedanken des Natur- und Umweltschutzes nahezubringen. Hier erleben sie ein intaktes Ökosystem, in dem jedes seiner Mitglieder eine wichtige Rolle zum Erhalt des Ganzen spielt. Jede Pflanze – vom unscheinbaren Moospolster bis zur stolzen Eiche – und jede Tierart – von der kleinsten Ameise bis zum kapitalen Hirschbock – hat in dieser Gemeinschaft eine Funktion, die den Wald am Leben erhält. Wer also willkürlich Pflanzen abreißt, Äste knickt, Ameisenhaufen zerstört oder die anderen Tiere in ihrem Lebensraum stört, gefährdet den Wald und damit ein Stück Natur, das so wichtig für unsere Atemluft und für die Klimaregulierung ist. Man kann gar nicht früh genug damit beginnen, Kinder auf die Verantwortung hinzuweisen, die wir Menschen für unsere Umwelt haben.

Ein Waldspaziergang ist eine gute Gelegenheit, Kinder in spielerischer Form mit dem Gedanken des Natur- und Umweltschutzes vertraut zu machen.

Die Jahreszeiten erleben

Für Kinder ist es eine wichtige Erfahrung zu sehen, wie der Herbst sich herausputzt und auf dem Höhepunkt die Vergänglichkeit beginnt. Im Winter ruht die Natur, und im Frühling wacht sie wieder auf, um im Sommer ihre ganze Kraft zu zeigen.
Kinder brauchen das Erleben der Jahreszeiten, es macht sie kompetent in Sachen Lebensphilosophie. Und sie müssen sammeln, sortieren, aufbewahren, um sich erinnern zu können.
Damals, der Tag im Wald … Und nächstes Jahr, soviel steht fest, da machen wir das wieder, da gehen wir wieder einen ganzen Tag in den Wald.

Das »Männlein im Walde« ist die Hagebutte.

Herbstlied

Das ist ein Lied, das auch die kleineren Kinder schon mitsingen können. Besonders lustig ist es, wenn ein Kind den Inhalt des Liedes als Pantomime darstellt.

Ein Männlein steht im Walde

Ein Männlein steht im Walde
ganz still und stumm,
es hat von lauter Purpur
ein Mäntlein um.
Sagt, wer mag das Männlein sein,
das da steht im Wald allein
mit dem purpurroten Mäntelein?

Ein Männlein steht im Walde
auf einem Bein,
es hat auf seinem Haupte
schwarz Käpplein klein.
Sag, wer mag das Männlein sein,
das da steht im Wald allein
mit dem kleinen schwarzen Käppelein?

Das Männlein dort
auf einem Bein,
mit seinem roten Mänte-
lein und seinem
schwarzen Käppelein,
kann nur die Hagebutte sein!

HOFFMANN VON FALLERSLEBEN

Der Dichter Hoffman von Fallersleben (1798 – 1874), dem wir viele Volks- und Kinderlieder verdanken, verfaßte 1841 auf Helgoland den Text des Deutschlandliedes.

Bastelspaß im Herbst

Baumhaus

Benötigte Materialien:

Eine Astgabel, 30–50 cm hoch
Viele dünne Zweige
Eine Rolle Schnur oder Naturbast
Ein Brett oder eine Preßspanplatte, ca. 20 x 20 cm, 1,5 cm hoch
ein Nagel, 4–5 cm lang
Holzleim oder Alleskleber

So wird's gemacht:

Am besten eignet sich eine Astgabel mit drei Verzweigungen. Die Zweige sollten etwa die Stärke eines kleinen Fingers haben, möglichst gerade und 15–30 Zentimeter lang sein, manche Zweige können auch etwas dünner sein. Das Holz sollte einige Tage auf der Heizung getrocknet werden.

- Die Astgabel wird so zugesägt, daß unter der Verzweigung noch etwa 20 Zentimeter Stamm übrigbleiben. Die Verzweigungen läßt man vorläufig so, wie sie sind.

- Wenn man nur eine Astgabel mit einer Verzweigung gefunden hat, kann man noch eine zusätzliche Verzweigung mit Hilfe eines abgeknickten Zweiges an den Stamm anbinden.

- In die Mitte der Holzplatte wird der Nagel hineingeschlagen, bis er auf der anderen Seite wieder herausschaut. Die durchgetretene Nagelspitze und das untere Ende der Astgabel werden mit Leim bestrichen.

- Dann wird die Astgabel auf die Spitze des Nagels gedrückt und dieser mit dem Hammer fest eingeschlagen. Jetzt steht der »Baum« fest auf der Platte.

- Der Hausbau beginnt mit dem Einfügen der unteren drei Zweige, die das Grundgerüst des Bodens werden. Die Zweige werden so eingepaßt, daß sie über die Astgabeln hinausstehen. Dann werden sie mit der Schnur über Kreuz so festgebunden, daß sie nicht mehr herunterrutschen können.

- Jetzt legt man die abgelängten Bodenzweige ein, baut die Wände und errichtet das Dach. Die Technik ist wie beim Blockhausbau.

- In das Baumhaus können je nach Bedarf Falltüren, Fenster, Türen, Treppen, Leitern usw. eingebaut werden. Der Phantasie sind keine Grenzen gesetzt.

Das Abenteuer kann beginnen!

Bastelspaß

Flatterrabe im Herbstbaum

Aus bunten Herbstblättern und alten Illustrierten entsteht eine bunte Collage als Zimmerschmuck, an dem Kinder und Erwachsene ihre Freude haben.

Auf den Feldern und an den Waldrändern, immer häufiger aber auch mitten in den Städten – um die Kronen hoher Bäume herum – kreisen und schwärmen jetzt die Krähen. Sie suchen am Boden nach Futter, und wenn man nicht allzu nahe herankommt, kann man sie recht gut beobachten.

Die Collage auf dem Bild rechts ist ohne Buntpapier gemacht. Sie besteht ausschließlich aus den bunten Stellen einer Illustrierten. Das Gras am unteren Rand stammt von einem Werbefoto für Käse. Man faltet ein derartiges Wiesenstück wie eine Ziehharmonika und schneidet mit der Schere tief in die Kanten. Klebt man jetzt nur die untersten Stellen an, steht oben das Gras frei und zittert bei jedem Windhauch.

Auch die bunten Laubblätter sind nur an einer winzigen Stelle aufgeklebt.

Der Rabe war einmal ein Nachthimmel auf einem Reklamefoto in einer Illustrierten. Flügel, Schnabel und Auge sind fast lose, nur ein winziger Tropfen Klebstoff hält sie fest.

So flattern alle Teile und bewegen sich sachte, wenn das Rabenbild in der Nähe von Tür oder Fenster hängt.

Der Hintergrund, auf dem alles aufgeklebt wurde, ist eine ganz gebliebene Seite aus einer Illustrierten. Über die Schrift wurde ein Blättchen geklebt. Wer will, kann die Collage auf einen festen Karton kleben und in einen Bilderrahmen stecken. Aber ohne Glas, sonst ist der Rascheleffekt verschwunden.

Neues von der Fensterbank

Langsam verabschieden sich die Sommerblumen. Wer gerne pflanzliches Leben auf der Fensterbank sehen möchte, widmet sich jetzt den Kakteen. Sie sind echte Stubenhocker und kein bißchen beleidigt, wenn sie im Herbst auf der inneren Fensterbank stehen. Wenn sie dort genug Licht bekommen, zeigen sie sich von ihrer freundlichsten Seite. Kakteen mögen es warm, denn sie sind Importgewächse aus heißen Ländern. Bei uns sind Ableger im Handel, die nicht viel kosten. Bei guter Pflege haben sie ein nahezu ewiges Leben. Sie wachsen nur langsam und sind in winzigen Töpfen lange gut aufgehoben.

Ein kleiner Kakteengarten

Kakteen sind genügsam. Sie nehmen es nicht übel, wenn sie beim Gießen mal vergessen werden.

Wer will, legt sich in einer Glasschüssel einen Kakteengarten an. Steine und Sand bilden den Untergrund, obenauf kommen die Kakteentöpfchen. Der Untergrund darf weder naß noch feucht werden, deshalb nimmt man die Kakteen zum Gießen heraus. Zu vieles Gießen schadet, warm und trocken ist das Motto aller Kakteen.
Auf dem Bild rechts ist ein Christusdorn zu sehen, der gerade blüht. Er braucht etwas mehr Wasser als seine Kollegen. Unter guten Bedingungen wächst er rasch und braucht dann einen etwas größeren Topf.
Man kann Kakteen auch aus Samen ziehen. Man streut die Körnchen in eine flache Pflanzschale mit Kakteenerde. Darüber kommt eine ganz dünne Schicht aus feinem Sand. Die Erde sehr vorsichtig anfeuchten und dann die Schale mit einer Glasscheibe abdecken. Nach etwa vier Wochen gehen die ersten Pflänzchen auf.

Alte Meister sehen den Herbst

Das Bild

Das Bild »Herbstgedanken« (links) ist auf den ersten Blick gut überschaubar. Eine nachdenkliche Frauengestalt wandelt an einem Bach entlang, die Landschaft ist herbstlich. Je länger man jedoch das Bild betrachtet, desto mehr überträgt sich seine melancholische Stimmung auf den Betrachter. Malerisches Detail und Farbigkeit sind um der Ernsthaftigkeit des Ausdrucks willen reduziert. Die Wiese ist sumpfgrün, der Bach schmutzigbraun.

Die Stimmung

Der Künstler wählt bewußt diese trüben Farben. Nur die kahlen weißen Birken, die am Bach stehen, fangen das Licht des Herbsttages ein, genauso wie die Frau im Vordergrund. Sie ist ganz deutlich die Hauptgestalt des Bildes, die plastisch greifbar und farblich stark hervorgehoben aus der Landschaft hervortritt. Was bewegt sie? Ihr Weg wird durch die Birkenbäume versperrt, ein Ausweg wird durch die Böschung rechts unmöglich gemacht. So entsteht ein Gefühl der Ausweglosigkeit, welche durch die melancholische Stimmung der in Gedanken versunkenen Frau noch verstärkt wird. Der Maler vermeidet bewußt eine realistische Wiedergabe der Natur. Er will nicht die Wirklichkeit vermitteln, sondern seine Empfindungen. Wahrscheinlich geht das Bild auf ein Kindheitserlebnis des Künstlers zurück. Der Herbst beeindruckte ihn schon in seinen Jugendjahren sehr stark.

Der Maler drückt durch die Wahl der Farben und die Komposition des Bildes eine Stimmung aus. Der Herbst bedeutet für ihn Melancholie, eine stille Wehmut, die, von der Natur ausgehend, die Menschen berührt.

Mit dem Herbst neigt sich das Jahr dem Ende zu. Der Sommer mit seiner Hitze und den ausgelassenen Spielen im Freien ist vorbei. Jetzt kommt eine stillere Zeit.

Die Absicht

Arnold Böcklin steht mit seinen Stimmungslandschaften in einer Tradition, die in der Romantik einsetzt, um im ganzen 19. Jahrhundert wirksam zu bleiben. Seine Farben tragen gemeinsam mit den dargestellten Gegenständen die Stimmung des Bildes. Sie sind psychologische Stimmungsträger. Als Böcklin einmal von einem Kritiker angegriffen wurde, weil dieser seine Farben als »unwahr« bezeichnete, sagte er empört: »Die Farbe ist im Bilde doch zu ganz anderem Zwecke da, als in der uns umgebenden Natur!« Zeit seines Lebens spürte Böcklin dem Geheimnis der Farbe nach und versuchte unentwegt neue Techniken, um den letzten bezwingenden malerischen Ausdruck für seine Kompositionen zu finden. Doch war ihm die Malerei nicht Selbstzweck, sondern er sah in ihr ein Mittel, große Gedanken im Bild anschaulich zu machen und poetischen Einfällen eine sichtbare Form zu geben.

Der Künstler

Arnold Böcklin hatte ein sehr bewegtes Leben. 1827 wird er als Sohn eines Kaufmanns in Basel geboren. Mit 18 Jahren verläßt er gegen den Willen des Vaters, aber mit Billigung der Mutter das humanistische Gymnasium, wechselt an die Akademie in Düsseldorf und studiert Landschaftsmalerei. Nachdem er 1847 sein Studium erfolgreich beendet hat, kehrt er zurück nach Basel. Hier verlobt er sich mit einer reichen Nachbarstochter. Wenig später erfüllt er sich einen sehnlichen Wunsch und bricht mit einem Freund nach Rom auf. Kaum angekommen, erfährt Böcklin, daß seine Verlobte an Gehirnhautentzündung gestorben ist. 1853 heiratet er in Rom die 17jährige verwaiste Tochter eines päpstlichen Gardisten, Angela Pascucci. Im Laufe ihrer Ehe werden dem Paar zwölf Kinder geboren, fünf sterben bereits im Kindesalter. Bis 1860 leidet die Familie bitterste Not. Dann wird Böcklin nach Weimar an die neueröffnete Kunstschule berufen, um dort Landschaftsmalerei zu unterrichten. Doch lange hält es ihn nicht dort. Er gibt seine Beamtenlaufbahn auf und zieht mit seiner Familie einige Male um. Sie geraten wieder in finanzielle Not, bis Böcklin ab 1880 regelmäßig in Berlin und Dresden ausstellen kann und seine Lage sich bessert. 1885 zieht die Familie nach Zürich, um ihren Söhnen bessere Schulungsmöglichkeiten zu bieten. Hier lernt Böcklin den Schriftsteller Gottfried Keller kennen, mit dem ihn eine tiefe Freundschaft verbindet. Nach dem Tod seines Freundes zieht Böcklin endgültig nach Italien. Er stirbt dort am 16. Januar 1901 als höchst angesehener Maler an einer Lungenentzündung.

Wer eine Reproduktion des Bildes »Herbstgedanken« haben möchte, kann es beim Kunstkreis Freudenstadt unter der Nummer 10.352-3 bestellen.

Der Herbst hat viele Gesichter. Dieses Foto zeigt eine Herbstlandschaft mit freundlichem, warmem Charakter. Seine Stimmung bildet einen deutlichen Kontrast zur Melancholie des Gemäldes.

Die Vorlesegeschichte von Janosch

Der Bär und der Vogel

Es war einmal ein Bär, der lebte ungefähr eine Meil
weit weg von den Leuten am Fuße eines Berges in
seiner Höhle. Im Sommer ging es ihm gut, denn er
hatte eine Bienenzucht und deswegen beinah immer
so viel Honig, wie er nur wollte. Denn Hon
war seine Leibspeise. Auch sammelte e
Beeren im Wald, fing am Fluß Forellen
kurzum: Im Sommer lebte er dort wie
im Paradies. Dazu kam, daß die ande
ren Waldtiere und nicht zuletzt die
Leute vom Dorf ihn gut leiden konnten
denn er war friedlich, leutselig, imme
zu einem kleinen Spaß aufgelegt.
Bosheit und Hinterlist kannte er
nicht, und wenn ihn selbst einer
einmal hänselte, foppte, ihm gar
einen Streich spielte
verzieh er's ihm
schnell, denn
wenn's dem
Bären gutgeht,
braucht er
niemanden

zu beißen. Er war, und das darf hier auch gesagt werden, für die anderen Tiere im Wald wie ein lieber Großvater. Wenn er abends vor seiner Höhle saß und der Sonne zuschaute, wie sie unterging, kam der ein oder andere und flüsterte ihm seine Sorgen ins Ohr. Und schon war alles besser. Und dann kam der Winter.
Auch da ging es ihm nicht schlecht. Denn er hatte einen warmen Pelzmantel aus Bärenfell, und weil er nicht dumm war, hatte er im Sommer kleine Vorräte angelegt. Hatte Beeren getrocknet und daraus, vermischt mit Honig, eine fabelhafte Winterspeise bereitet. Hatte Laub in die Höhle getragen, damit es ihm nicht von unten her kalt werden konnte. Hatte auch saubere und glattgestrichene Blätter von Buchen gesammelt, auf denen er im Winter die Geschichten des letzten Sommers lesen konnte, die Käfer und Würmer dort hineingeschrieben hatten.
Auch der Winter war also keine schlechte Zeit für den Bären. Und dann kam so ein Winter, der war kälter als jeder Winter zuvor. Der Wind hatte ihm den Schnee bis direkt vor sein Bett geweht. Die Luft war wie kaltes Glas, und im Wald war es still, still. Als ob es auf der Welt keine Töne mehr gäbe. Weil sie in der Luft erfroren. Weil sie tot in den Schnee fielen. Und wenn der Bär hinauswollte vor seine Höhle, mußte er sich durch den Schnee graben.
Und dann kam die große Heilige Nacht. Der Mond stand oben allein, und weit, weit weg flimmerten die Sterne, heller als sonst und ganz klar. Dem Bären war es so kalt wie nie zuvor, und er redete mit sich selbst. Das machte manchmal etwas warm. »Ich werde in das Dorf gehen. Vielleicht treffe ich einen, den ich kenne, und er nimmt mich mit nach Haus an den warmen Ofen. Oder wir wärmen uns gegenseitig Fell an Fell. Vielleicht schenkt mir einer eine Brotsuppe. Das wärmt auch. Also los, alter Bär, mach dich auf die Pfoten!« Er rieb sich die Nase warm und grub sich aus der Höhle. Kalt war es. Viel kälter, als er innen in der Höhle gedacht hatte.

»Will jemand mit mir ins Dorf gehen … hen …«, rief er in den Wald hinaus, aber das Echo kam sofort zurück, war gar nicht weit gekommen, war an der Kälte zurückgeprallt.

»Dort ist heut Weihnachten«, rief der Bär, etwas leiser jetzt. »Ist da niemand …?« »Niemand …«, rief das Echo zurück, und das Wort fiel erfroren in den Schnee, keiner hat es gehört. Da stampfte der Bär allein los, ging den Fluß entlang über die schmale Brücke, noch eine Meile weit, im Sommer ein Weg nicht einmal zu lang für eine Maus. Aber jetzt so weit wie von hier bis zum Himalaja. Und für einen allein zu gehen doppelt so lange. Manchmal blieb er stehen, legte die Pfote an die Schnauze und rief: »Ist da niemand, der mitgeht in das Dorf? Keiner? Heut ist Weihnachten bei den Menschen. Ein schönes Fest …« Niemand, keiner kam, und als es immer kälter wurde, der Weg ohne Ende war, fiel der Bär nach vorn und konnte nicht mehr weitergehen. Da kam ein kleiner Vogel gehüpft. Setzte sich auf sein Ohr, war ein Hänfling. Er kannte den Bären vom Sommer her. Sie hatten sich manchmal die Beeren geteilt, die der Bär gesammelt hatte: »Eine ich und zwei du. Eine ich und zwei du …«

»Kalt ist's«, sagte der Vogel. »Trag mich ein Stück, Bär! Kann nicht mehr fliegen wegen der Kälte. Und ich sing' dir was vor, ja!« Da stand der Bär wieder auf, nahm den federleichten Vogel auf die Pfote, hauchte ihn warm, und der Vogel sang ihm ein Lied ins Ohr. Wie früher, wie im Sommer. Das wärmt.

Der Bär ging weich und vorsichtig, um das Lied nicht zu stören.

Es war mitten in der Nacht, als sie ins Dorf kamen. Die Leute waren in der Kirche und sangen. Aber der Küster ließ die beiden nicht hinein. »Bären und Vögel haben hier keinen Zutritt«, sagte er. »Das ist eine Vorschrift, und ich kann keine Ausnahme machen. Geht einfach nicht. Alte Frauen könnten sich ängstigen. Morgen vielleicht, wenn die Kirche leer ist oder wenn mehr Kinder da sind, die würden sich vielleicht freuen. Aber heut nicht, heut nicht.« Schlug die Tür zu und war weg. Dem Bären und dem Vogel war's inzwischen egal. Sie spürten die Kälte nicht mehr, denn wenn du einen

Freund gefunden hast hast, ist alles nicht mehr schlimm. Sie setzten sich neben die Kirche, und im Auge des Bären war so ein schönes Licht, an dem der Vogel sich die Flügel wärmen konnte. Jetzt hätte er wieder fliegen können unter ein warmes Dach, aber er blieb.
Der Himmel war das Dach über ihrem Haus, und die Welt hatte keinen Anfang und kein Ende. Dann kamen die Mütter und Väter mit ihren Kindern aus der Kirche.
»Was ist denn dort mit dem Bären?« fragten die Kinder.
»Ist der echt? Er bewegt sich ja gar nicht.«
Die Mütter und Väter zogen die Kinder an den Händen weg, es war schon spät, und es war kalt:
»Na los, kommt schon.«

Als das Lied der Vogels immer leiser wurde und der Bär sah, daß der Vogel die Augen schon zuhatte, verbarg er ihn vorsichtig und warm zwischen seinen Pfoten.
Rührte sich nicht, um ihn nicht zu wecken.
Aber auch dem Bären fielen bald die Augen zu, und sie träumten von einem Engel, der sie wegtrug. Am nächsten Tag waren sie nicht mehr da.

Was wächst denn da?

Eine kleine Tanne

Eine kleine Fichte mit dem Berufswunsch »Weihnachtsbaum« ist auf der rechten Seite zu sehen.
Wenn man Glück hat, kann man Tannen und Fichten selber ziehen. Man legt im Herbst ihre Zapfen in die Erde und wartet mit Geduld ab, ob etwas kommt. Tannen und Fichten wachsen in den ersten Jahren nur wenig. Die kleine Fichte auf dem Bild ist fünf Jahre alt und verbringt ihr Leben auf einem Balkon. Zu Weihnachten wird sie für ein paar Tage feingemacht und ins Zimmer geholt. Danach ist sie wieder ein ganzes Jahr draußen, wo sie sich am wohlsten fühlt.
Das Elsaß ist als Ursprungsgegend des heutigen Weihnachtsbaumes anzusehen. Schon in den ersten Jahren des 17. Jahrhunderts wird aus Schleffstadt im Elsaß berichtet, daß am Christtag Tannenbüsche oder -bäume aufgestellt und mit Backwerk und Äpfeln verziert wurden.

Ein Weihnachtsbaum auf Zeit

Kleine Nadelbäume gibt es in Baumschulen oder Gärtnereien zu kaufen. Sie lieben Licht und Luft. Auf pralle Sonne möchten sie lieber verzichten. Jahrelang kann man sie als Weihnachtsbaum nehmen, bis man plötzlich entdeckt, wie groß sie werden können. Dann heißt es Abschied nehmen. Entweder fragt man beim Gärtner oder beim Forstamt nach, wo gerade eine Tanne oder Fichte gebraucht wird.
Ist so ein Nadelbaum erst einmal im Freien wächst und wächst er. Die Fichte ist unser höchster einheimischer Baum. Sie ist das ganze Jahr über grün und wird bis zu 50 Meter hoch.

Lärchen sind die einzigen Nadelbäume, die im Sommer grün sind und im Herbst die Nadeln abwerfen.

Verse fürs Poesiealbum

**Rosen, Tulpen, Spinnenbein,
willst Du meine Freundin sein?**

In einem über 100jährigen Poesiealbum fanden sich die folgende Sprüche:

Rosen, Tulpen, Nelken, alle Blumen welken, nur die eine Blume nicht, die da heißt Vergißmeinnicht.

Wenn Du glaubst, ich lieb' Dich nicht, und treibe mit Dir Scherz, so zünde eine Kerze an und schau mir in mein Herz.

Poesiealben haben die Jahrhunderte überdauert. Sie bergen oft wundervolle Kindheitserinnerungen.

Nichts soll Deine Tage trüben. Immer sei Dein Leben schön. Unter denen, die Dich lieben, da soll auch mein Name stehn.

Sei wie das Veilchen im Moose – bescheiden, sittsam und rein. Nicht wie die stolze Rose, die immer bewundert will sein.

Ich lag im Garten und schlief, da kam ein Engel und rief: »Sophia, Du sollst Dich beeilen und Deiner Freundin ins Album schreiben.«

*Schiffe ruhig weiter, wenn der Mast auch bricht.
Gott ist Dein Begleiter, er verläßt Dich nicht.*

Erika, lerne Menschen kennen, denn sie sind veränderlich. Die Dich heute Freundin nennen, lästern morgen über Dich.

Ein hübsches Poesiealbum kann man auch selbst basteln und gestalten. Unser Bild zeigt ein paar Ideen, die mit einfachen Mitteln zu verwirklichen sind.

In einem 15 Jahre alten Poesiealbum standen die folgenden Verse geschrieben:

Ein Seehund lag am Meeresstrand, wusch sich die Schnauze mit weißem Sand. Oh, möge doch Dein Herz so rein wie diese Hundeschnauze sein!

Der Fisch ist stumm, das Reh ist scheu, der Esel dumm, und ich bin treu.

Ich soll Dir was ins Album schreiben und weiß nicht, was. Daß wir gute Freunde bleiben – wie gefällt Dir das?

Nie verlerne, so zu lachen, wie Du jetzt lachst, froh und frei; denn ein Leben ohne Lachen ist wie Frühling ohne Mai.

Der ist ein Glückspilz in der Welt, der sich selbst für glücklich hält.

Was macht eigentlich der Wind?

Wenn im Herbst die Stürme über Land und Meer brausen, denkt so mancher über die gewaltigen Kräfte nach, die dabei freigesetzt werden.
Der Wind ist ein launischer Gesell. Mal spürt man keinen Hauch von ihm, dann wieder weht er mit solch ungestümer Kraft, daß Bäume entwurzelt und Dächer von den Häusern gerissen werden.
Um die Kräfte des Windes messen zu können, hat man sich auf eine Windskala geeinigt, die zwölf Stufen umfaßt – von der Windstille bis zum Orkan. Unsere Bilder vermitteln einen Eindruck von diesen verschiedenen Windstärken und ihren Wirkungen auf Natur und Menschen. Sie sollen für Kinder eine Anregung sein, ihre eigenen Beobachtungen richtig einzuordnen.

(1) Windstärke 0 – Windstille; Rauch steigt gerade empor

(2) Windstärke 1 – leichter Zug; Windrichtung am Rauch zu erkennen

(3) Windstärke 2 – leichte Brise; Wind im Gesicht fühlbar, Blätter säuseln

8

(4) Windstärke 3 – schwache Brise; Zweige bewegen sich

(5) Windstärke 4 – mäßige Brise; bewegt Zweige und dünne Äste

(6) Windstärke 5 – frische Brise; kleine Bäume schwanken

(7) Windstärke 6 – starker Wind; Pfeifen an Drahtleitungen

10

(8) Windstärke 7 – steifer Wind; fühlbare Hemmung beim Gehen

(9) Windstärke 8 – stürmischer Wind; Zweige brechen ab

(10) Windstärke 9 – Sturm; kleinere Schäden an Dächern

(11) Windstärke 10 – schwerer Sturm; Bäume werden entwurzelt

12

(12) Windstärke 11 – Orkan; schwere Sturmschäden

Tiere im Herbst

Gänse

Das ganze Jahr über finden die Gänse wenig Beachtung. Manchmal nennt einer eine andere vielleicht »dumme Gans«, das ist aber auch schon alles.
Im Herbst, zwischen Martini und Weihnachten ändert sich das dann schlagartig. Ab da sind die Gänse buchstäblich in aller Munde.

Der Legende nach verkroch sich der heilige Martin in einem Gänsestall, weil er nicht Bischof von Tours werden wollte. Die Gänse verrieten ihn durch ihr Geschnatter, und Martin wurde Bischof. Seitdem müssen die Gänse zu Martini als Braten herhalten und sind bis Weihnachten stark gefragt.

Gänse lieben Gesellschaft

Die sprichwörtliche Dummheit der Gänse ist längst widerlegt. Berühmte Biologen haben das Leben der Tiere studiert und herausgefunden, daß sie sehr lernfähig sind.

Gänse sind gesellige Tiere, die viel Zeit damit verbringen, ihr Federkleid zu putzen und wasserdicht einzufetten. Dazu haben sie am Bürzel eine Fettdrüse, die sie mit dem Schnabel erreichen können, um so das wasserabweisende Fett über die Federn zu verteilen. Gänsepaare bleiben sich ein Leben lang treu und ziehen ihre Küken gemeinsam auf.
Gänse – so sagt man – sind wachsam wie Hofhunde. Der Legende nach retteten Gänse das Kapitol der Stadt Rom vor der Zerstörung durch die Gallier im Jahr 380 v. Chr. durch ihr heftiges, aufgeregtes Schnattern. Und die Dummheit, die man ihnen nachsagt, ist sogar wissenschaftlich widerlegt. Verhaltensforscher beschäftigen sich besonders gern mit diesen Tieren, weil sie sehr lernfähig sind.

Blumen im Herbst

Astern

Besonders in den ländlichen Bauerngärten blühen im Herbst die verschiedensten Asternarten.

Wenn es Herbst wird, leuchten sie Kopf an Kopf in vielen Farben. Astern werden oft ein bißchen wehmütig angeschaut. Vielleicht liegt es daran, daß sie den Reigen der Blumen im Jahreskreis beschließen.
Asternstauden sind winterhart und treiben oft viele Jahre hintereinander im Frühling aus. Den Sommer über halten sie sich mit dem Blühen zurück und bilden viele neue Stengel und Blätter. Auf dem Höhepunkt des Sommers, wenn es schon heimlich Herbst wird, zeigt die Aster, was in ihr steckt. Den ersten Frösten im Spätherbst vermag sie noch zu trotzen, dann senken sich die Blumenköpfe, und die Blätter welken.
Über den Wurzelballen wird das Blattwerk im Winter oder im Frühjahr abgeschnitten. Dann beginnt der Kreislauf von neuem.
»Aster« ist ein griechischer Blumenname und bedeutet »Stern«. Durch Züchtung sind aus der einstigen Wildform bis heute mehrere hundert Sorten in vielen Farben und Formen entstanden.

Astern auf dem Balkon

Astern gibt es in Europa, Asien, Amerika und Südafrika in 500 verschiedenen Sorten von Rosa und Violett bis Gelb und Weiß.

Wenn die Sommerblumen verblüht sind, kann man sich auf dem Balkon noch lange an der Blütenpracht der Astern erfreuen. Beim Gärtner kann man bis zum Oktober blühende Pflanzen kaufen, die man in die leeren Balkonkästen einpflanzt. Sie sollten in recht sonniger Lage stehen und vor Nachtfrösten geschützt werden. Wer es schafft, die Stauden über den Winter zu bringen, kann sie im Frühjahr ins Freiland verpflanzen. Dann kann man noch Jahre seine Freude daran haben.

Haselnüsse werden hauptsächlich in der Türkei, in Italien und Spanien angebaut. Am besten schmecken sie kurz nach der Ernte.

Geröstete Haselnüsse entfalten ihren Eigengeschmack besonders gut.

Früchte im Herbst

Haselnüsse

Nach dem Ende der letzten Eiszeit in Mitteleuropa bildeten sich Wälder, in denen Birken und Kiefern vorherrschten.
Als es immer wärmer wurde, breitete sich der Haselstrauch aus und mit ihm die Eichhörnchen und ihre Feinde, die Baummarder.
In vielen Mischwäldern findet man heute ganze Gruppen oder an ihren Rändern Hecken aus Haselsträuchern.
Es gibt mehrere Haselarten, die der Mensch aus den Ursträuchern gezüchtet hat, um möglichst große Haselnüsse zu bekommen.
Sie werden im Oktober mit ihrer grünen Hülle geerntet und im Freien getrocknet. Dann lösen sich die Nüsse ganz von selbst aus ihren grünen Verpackungen heraus.

Haselnüsse erobern die Küche

Wenn im Frühjahr der Haselstrauch blüht, sind die länglichen Haselkätzchen weithin sichtbar. Männliche und weibliche Blüten wachsen an ein und demselben Strauch. Der Wind übernimmt die Befruchtung. Die einzelnen Sträucher können sehr alt werden, bis zu 100 Jahre und mehr.
Die Weihnachtsbäckerei ist ohne Haselnüsse nicht denkbar, und auf Weihnachtstellern oder in Nikolausstiefeln sollten sie auch nicht fehlen. Aus Haselnüssen wird ein schmackhaftes und gesundes Öl gewonnen.
Es gibt sogar Haselnußmehl, das bei der Herstellung von Backwaren verwendet wird. Nußtorten und Nußkuchen werden vorwiegend aus gemahlenen Haselnüssen hergestellt.

Mein kleiner Herbstgarten

Eine Salatschüssel bekommt für eine Weile Urlaub von der Küche und wird zum Wassergarten umgebaut. Die trüben Stellen am Glas werden später mit Essig wieder entfernt.

Sie heißen Froschlöffel und Seekanne, Pfeilkraut und Hechtkraut und sind nur einige der vielen Sorten, die im niedrigen Wasser gedeihen.
Am besten ist es, sich Ableger schenken zu lassen. Für einen Wassergarten, der nur die kurze Herbstzeit halten soll, tut es auch ein Ableger der Grünlilie oder ein anderer Ableger von Pflanzen, die Luftwurzeln bilden.
In Geschäften für Aquarienbedarf finden sich ebenfalls Pflanzen, die sich für einen Wassergarten im Zimmer eignen. Hier gibt es auch den Kies zu kaufen, mit dem der Wassergarten zur Hälfte ausgefüllt ist. Darüber werden Steine gelegt, die man an jeder Baustelle finden kann: Kieselsteine.
Pflanzen, die es mögen, »mit den Füßen« im Wasser zu stehen, werden in kleine Blumentöpfe gepflanzt und auf die Kieselsteine gesetzt. Die freie Wasserfläche wird mit bunten Schwimmkerzen ausgefüllt.

Wassergartenromantik

Wenn die Tage kürzer und die Abende länger werden, kann man es sich vor dem Wassergarten gemütlich machen: vorlesen, erzählen oder ganz einfach Abendbrot essen. Eine stimmungsvolle Beleuchtung sorgt für die richtige Herbstromantik und regt zum Träumen und Erzählen an.
So ein Wassergarten, wie er hier abgebildet ist, ist keine Einrichtung für die Ewigkeit. Im Frühjahr werden die Pflanzen wieder ausquartiert, nach draußen, wo sie sehnsüchtig auf den Sommer warten.

Ein Lied aus alter Zeit

Eines der schönsten Herbstlieder, das die Stimmung der Jahreszeit sehr gefühlvoll zum Ausdruck bringt.

Eine einzige Farbenpracht – so präsentieren sich die herbstlichen Wälder unserer Heimat.

Melodie: Johann Friedrich Reichardt *Text: Johann Gaudenz von Salis-Seewis*

Bunt sind schon die Wälder

1. Bunt sind schon die Wälder,
gelb die Stoppelfelder,
und der Herbst beginnt.
Rote Blätter fallen,
graue Nebel wallen,
kühler weht der Wind.

2. Dort im grünen Baume
hängt die blaue Pflaume
am gebognen Ast.
Gelbe Birnen winken,
daß die Zweige sinken
unter ihrer Last.

3. Wie die volle Traube
aus dem Rebenlaube
purpurfarbig strahlt!
Am Geländer reifen
Pfirsiche, mit Streifen
rot und weiß bemalt.

4. Geige tönt und Flöte
bei der Abendröte
und im Mondesglanz;
junge Winzerinnen
winken und beginnen
frohen Erntetanz.

JOHANN GAUDENZ VON SALIS-SEEWIS

Die Zeit der Reife und des Abschieds – noch einmal zeigt die Natur ihre verschwenderische Fülle.

Bastelspaß

Ein Puppenhaus für mich allein

In diesem Puppenhaus ist man alles zugleich: Architekt, Bauherr und Besitzer.

Und so wird's gemacht

In eine große Schachtel wird eine kleinere gesetzt. Schon hat man zwei Stockwerke.
Den Deckel der kleineren diagonal durchschneiden und als Dach obenauf kleben.
Der unbedeckte Teil wird zum Dachgarten mit Zaun und Sonnenschirm. Fenster herausschneiden und von hinten mit Transparentpapier bekleben.
Die Treppe wird aus einem Kartonstreifen geknickt und oben und unten festgeklebt.
Die Möbel sind aus Streichholzschachteln; für Schubladen bieten sie sich geradezu an.
Stoffreste werden zu Wandbehängen, Bettzeug fürs Schachtelbett und Wäsche für Haus und Wäscheleine »umgearbeitet«, d.h. einfach kleingeschnitten.
Ebenso winziges wie preiswertes Puppengeschirr gibt es um die Weihnachtszeit in allen Spielzeuggeschäften. Fingerhüte und Verschlüsse von kleinen Flaschen tun's aber auch.
Was wäre ein Puppenhaus jedoch ohne Bewohner?
Wie man eine kleine Puppenfamilie aus einfachen Materialien bastelt, können Sie auf den nächsten Seiten nachlesen. Selbst kleinere Kinder können dabei schon mitmachen und ihre Geschicklichkeit erproben.

Wer mag, kann die »Zimmerwände« mit hellen Farben streichen, die Möbel bemalen, und mit etwas Geschick bekommen die Fenster Läden aus gefaltetem Papier.

Perlenpüppchen – so wird's gemacht

Man braucht für den Kopf eine etwas dickere und für die Hände zwei kleine runde Holzperlen aus dem Bastelladen, für die Füße viereckige Perlen oder Holzstückchen.
Hinzu kommen noch dünner Draht, Wolle und Stoffrestchen. Dann geht's los:

- Etwa 30 Zentimeter Draht abschneiden und durch die große Perle ziehen. Die beiden Drahtteile umeinanderwinden als Hals. Dann seitlich die Drähte spreizen und die kleinen Perlen einfädeln. Drähte wieder umeinanderwinden: Fertig sind die Arme.
- Nun die Drähte langziehen und die Füße einfädeln oder die Holz- oder Korkenstückchen mit Draht umwickeln. Den Rest Draht zum Körper hinführen und diesen stabil umwickeln.
- Jetzt nimmt man dünne Wolle und umwickelt alle Drahtteile, bis der kleine Kerl Speck ansetzt.
- Gesicht anmalen und Wolle, Hanf oder Fell als Haare ankleben.
- Kleider direkt am Körper ankleben oder mit wenigen Stichen befestigen.

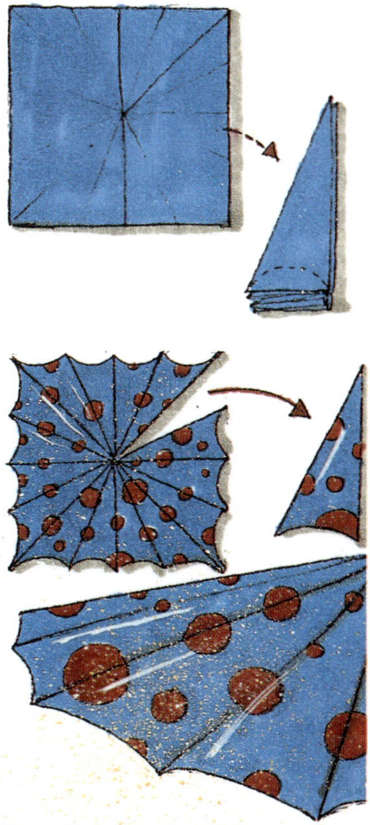

So kann die fröhliche Puppenfamilie aussehen. Die Haare fertigt man aus Wollresten, die Kleider werden aus Stoffresten geschneidert. Für die Gesichter genügt ein wenig Farbe.

Ein Sonnenschirm gehört dazu

- Ein quadratisches buntes Papierstück in Viertel falten, danach in Achtel, dann in Sechzehntel. Am Rand einen Bogen schneiden, so daß der Schirm 16 Bögen hat.
- Auffalten und ein Sechzehntel herausschneiden, dann die beiden Schnittstellen zukleben.
- Nun noch ein Schaschlikstäbchen durch die Schirmspitze bohren und einen Korken als Fuß befestigen.

Wir spielen drinnen

Stoffverstecke

Bei diesem Spiel können schon die Kleinen mitmachen, aber auch für Große ist es nicht langweilig. Gefragt ist das Kurzzeitgedächtnis, und da sind die Kleinen meist den Großen überlegen.

Und so wird's gemacht

Am Anfang steht ein tiefer Blick in die Lumpentüte. Es gibt immer Kleidungsstücke, aus denen die Kinder herausgewachsen sind oder die sonstwie ausrangiert wurden, aber zum Verschenken nicht mehr taugen. Das ist genau das richtige.

- Aus möglichst unterschiedlichen Mustern entstehen viele Quadrate. Ein Maß von 14 mal 14 Zentimetern hat sich bewährt.
- Quadrate bügeln und Fransen abschneiden. Gesäumt wird nicht. (Später können dann alle Quadrate zu einem lustigen Kinderkissen in Patchworktechnik zusammengesetzt werden.)
- Dann braucht man noch einen dicken Würfel, der gut in der Kinderhand liegt.
- Außerdem: so viele kleine Gegenstände, wie Quadrate vorhanden sind.

Und schon beginnt das Spiel.Für kleinere Kinder legt man zunächst 16 Quadrate auf den Tisch. Dann werden den Kindern acht Pärchen gezeigt, die sie später unter den Stoffverstecken suchen sollen.

Zwei Gummibärchen
Zwei Fingerhüte
Zwei Groschen
Zwei Knöpfe
Zwei Murmeln
Zwei Kastanien
Zwei Gardinenringe
Zwei Gummitierchen

Aus Stoffresten wird dieses lustige Spiel gebastelt.

- Wenn alles betrachtet ist, drehen sich die Kinder um, und der Spielleiter versteckt die kleinen Dinge unter den Quadraten. Erst wenn alles versteckt ist, dürfen sich die Kinder wieder umdrehen
- Jetzt wird gewürfelt. Wer sechs oder fünf Augen würfelt, darf noch einmal würfeln. Denn nur wer ein, zwei, drei oder vier Augen gewürfelt hat, darf Quadrate hochheben.
- Liegt die doppelte Anzahl von Quadraten auf, gelten natürlich auch fünf und sechs Augen!
- Hat ein Kind beispielsweise vier Augen gewürfelt, darf es vier Quadrate hochheben. Aber es muß vor dem Hochheben sagen, was es darunter vermutet. Das ist ganz wichtig, damit das Spiel nicht zu einem »stummen« Spiel wird.

Kinder sind große Spielregelerfinder. Das Stoffversteckspiel regt Kinder zu recht vielen Spielvarianten an. Viel Spaß beim Erfinden, beim Suchen und Entdecken!

- War die Voraussage falsch, wird der Gegenstand wieder zugedeckt. Zugedeckt wird auch, wenn nur Einzelgegenstände aufgedeckt wurden.
- Wird ein Pärchen gefunden, legt das Kind dieses vor sich hin. Das Stoffversteck bleibt leer.
- Wer die meisten Pärchen hat, ist Sieger und darf in der nächsten Runde die Pärchen neu verstecken.

Natürlich kann man diese Spielregeln je nach Wunsch verändern. Wichtig ist aber, daß alle mit den Regeländerungen einverstanden sind.

Spielvariante

Es werden so viele Quadrate auf dem Tisch ausgebreitet, wie gerade vorhanden sind oder wie der Tisch faßt. Diesmal keine oder nur wenige Pärchen verstecken und die Gegenstände auch vor Spielbeginn nicht zeigen, sondern klammheimlich unter die Quadrate legen.

- Beim Würfeln gilt: So viele Augen, so viele Quadrate hochheben, allen zeigen und wieder zudecken.
- Wurden etwa die Hälfte oder alle Quadrate schon einmal aufgedeckt, so muß jeder vor dem Hochheben mitteilen, was er im Stoffversteck vermutet. Stimmt es, darf er den Gegenstand vor sich hinlegen. War es falsch, bleibt der Gegenstand liegen. Das Quadrat kommt in jedem Fall wieder an seinen Platz.
- Ziel ist es, möglichst viele Gegenstände zu erraten und damit auch zu bekommen.
- Die wenigen versteckten Pärchen müssen mit einmal Würfeln aufgedeckt werden. Zur Belohnung gleich wieder würfeln!
- Es ist zu bedenken, daß Vorschulkinder mit dieser Regel vielleicht überfordert sind. Schulkinder hingegen können hier ihre Konzentration beachtlich üben.

Nach dem Spiel sieht die bunte Stoffversteckwiese etwas gebeutelt aus. Dagegen hilft gemeinsames Bügeln.

- Bei Kindergeburtstagen dürfen alle gewürfelten und richtig benannten Gegenstände behalten und als Erinnerung mit nach Hause genommen werden.
- Ansonsten empfiehlt es sich, einen Kasten mit Würfel, Quadraten und paarweisen Gegenständen griffbereit zu haben, wenn die Kinder spielen wollen. Dann kommt niemals Langeweile auf.
- Kinder möchten bekannte Dinge wiederfinden. Kleinere Kinder können manchmal sogar darauf bestehen, daß ganz bestimmte Gegenstände immer unter bestimmten Stoffquadraten liegen. Den Gefallen sollte man ihnen tun.

Übrigens: Das Spiel sollte nicht allzu lange ausgedehnt werden, damit die Kinder bei nachlassender Konzentration nicht zu viele Mißerfolge haben. Dann kann es geschehen, daß sie die Lust verlieren. Besonders bei kleineren Kinder ist das häufig der Fall.

Am siebzehnten Oktebruar

Am siebzehnten Oktebruar
geschehn die tollsten Sachen.
Man kann an diesem Tag im Jahr
fast alles möglich machen.

Man schmaust als Feiertagsgericht
die leckren Hundeeier,
auf Eis gekocht bei Mondenlicht
und abgekühlt im Feuer.

Auch kauft man sich an diesem Tag
die Kleider nur in Flaschen.
Und wer ein Kleid nicht leiden mag,
der trägt halt nur die Taschen.

Am siebzehnten Oktebruar,
wenn uns die Katzen grüßen,
trägt man Sandalen auf dem Haar
und Hüte an den Füßen.

Dann wärmt der Mond, die Sonne schneit.
Ein Stern fängt an zu regnen.
Und oft kann man zur Mittagszeit
dem Sandmann schon begegnen.

Die Fische in Aquarien
erzählen sich Geschichten,
sie singen lange Arien
und fangen an zu dichten.

Am siebzehnten Oktebruar
trinkt man gesalzne Weine,
und dazu futtert man ein paar
gesüßte Ziegelsteine.

Die Katzendamen in der Stadt,
die kaufen neue Schwänzchen,
und jeder Herr, der Spaß dran hat,
besucht das Damenkränzchen.

Auf Dächern treiben Schlittschuhsport
die Alten und die Kinder.
Und jede Stadt und jeder Ort
steht kopf – mehr oder minder.

Den siebzehnten Oktebruar,
den feiern alle Länder.
Nur eines stört, und das ist klar:
Er steht nicht im Kalender!

JAMES KRÜSS

Bastelspaß zum Verschenken

Merkblätter auf der Leine

Auch Kinder müssen heute schon so viel im Kopf haben, daß sie leicht einmal etwas vergessen.

Große und kleine Leute müssen leider oft feststellen, daß sie etwas vergessen haben, was sie unter keinen Umständen vergessen wollten. Ob das der Turnbeutel für die Schule ist oder der Geburtstag der Patentante oder die Wachsreste für den Kindergarten, immer ist es ärgerlich. Damit ist jetzt Schluß!

Die Merkblätter auf der Leine eignen sich besonders gut zum Verschenken, weil es sich hier um eine sehr liebevolle Gedächtnisstütze handelt.

Und so wird's gemacht:

Die Rückseite eines Zeichenblocks oder ein anderer fester Karton wird mit Stoff oder Filz beklebt. Nimmt man zum Kleben doppelseitiges Klebeband, kann man ganz sicher vor Flecken im Stoff sein.

Dieses liebevoll gebastelte Geschenk ist nur etwas für ganz treue und zuverlässige Freunde.

Nun wird der Stoffüberzug, sofern der Stoff keine eigenen Muster hat, mit Filzrestchen hübsch beklebt. Dann befestigt man drei Kordelstücke oder bunte Schnürriemen rechts und links auf dem Karton mit einem Faden, der auf der Rückseite verknotet wird. Einen Tesastreifen über den Knoten kleben, damit er nicht durchrutscht. Zum Aufhängen ein Kordelstückchen ankleben oder einen kleinen Bildaufhänger. Dieser muß genau in der Mitte sitzen, sonst rutscht der Karton über Eck.

Jetzt braucht man noch bunte Merkzettel und kleine Klammern, damit alle Notizen auch wirklich gut sicht- und merkbar zur Geltung kommen können.

Schuhe abholen
Mittwoch
Schere
Papier
Klebstoff
Lineal
Donnerstag
Petra
anrufen

Kleine Bücher – ganz groß

Als Oma noch ein Schulmädchen war, da hatte sie zwei Dinge: ein Poesiealbum und ein Tagebuch.
Das aufgeschlagene Poesiealbum auf dem Bild rechts ist 115 Jahre alt. Die kleineren Bücher gibt es derzeit überall preiswert zu kaufen. Aus ihnen können Tagebücher und Poesiealben der ganz besonderen Art gemacht werden.

- Wer noch nicht schreiben kann, bemalt oder beklebt so ein Büchlein Seite für Seite. Der Beschenkte wird darin eine kleine Kostbarkeit sehen, denn so ein Geschenk ist ganz und gar einmalig.
- Wer schon schreiben kann, gestaltet ein Tagebuch zum Verschenken. Großeltern, die weit weg wohnen und am Leben der Enkel nicht täglich teilnehmen können, werden sich über einen solchen Einblick ins Kinderleben ganz besonders freuen. Da lesen sie dann etwas über eine Klassenfahrt, über einen Zoobesuch, über einen Kindergeburtstag oder über ganz alltägliche Ereignisse, die Kinder für aufschreibenswert halten. Dazu wird nach Herzenslust gemalt oder geklebt, denn auf jeden Fall soll es ein hübsches kleines Buch werden.
- In so einem kleinen Buch kann man auch Verse notieren, die der Beschenkte ganz besonders mag: witzige oder klassische Lebensweisheiten, Rätsel, Reime oder kleine Liebeserklärungen, etwa zum Muttertag oder für ganz besondere Anlässe. Großbuchstaben kann man ausschneiden und aufkleben, ebenso Ornamente. Dann sieht es innen in dem Buch wie in einem richtigen Buch aus.
- Man kann auch Sprüche, Bauernregeln oder ähnliches in so ein Büchlein kleben. Das setzt aber voraus, daß

Ein selbstgebasteltes Tagebuch oder Poesiealbum ist ein sehr individuelles Geschenk.

Rosen
Tulpen
Spinnenbein
Willst Du
meine
Freundin sein
? Clara

Die Seiten des Poesiealbums kann man mit lustigen Zeichnungen oder eingeklebten Glanzbildern schmücken.

solche Dinge eine Weile vorher gesammelt werden. Zu finden sind sie in Kalendern, Zeitschriften, auf Postkarten oder in Broschüren. Man muß eigentlich nur genau wissen, was das Herz des Beschenkten höher schlagen läßt:
Mag er Hunde?
Mag er Katzen?
Liebt er Computer, oder spielt er Klavier?
Sprüche gibt es genug. Und sobald man weiß, was man sucht, taucht es überall auf.

- Und schließlich, weil es Spaß macht und eine so wunderbar alte Sitte ist, werden die kleinen Bücher zu Minipoesiealben gestaltet, sozusagen zu Westentaschenpoesiealben. Hineinschreiben darf jeder, der einen Spruch kennt und bereit ist, auch ein Glanzbild einzukleben, wenn auch ein kleines. Ohne Glanzbilder läuft gar nichts. Das war schon zu Omas Zeiten so.

Etwa 1870 kamen die Glanzbilder auf den Markt und waren gleich ein Renner. Sie heißen auch Oblaten, Reliefbilder, Prägebilder oder Lebkuchenbilder, weil sie zunächst um die Weihnachtszeit auf die Lebkuchenmänner geklebt wurden. Vereinzelt trifft man heute solche Nikoläuse wieder an. Und die Glanzbilder von damals sind auch wieder im Kommen, zum Teil von den ganz alten nur schwer zu unterscheiden.
»Rosen, Tulpen, Spinnenbein, willst Du meine Freundin sein«? Weitere Sprüche für ein richtiges, schönes, altmodisches Poesiealbum stehen auf den Seiten 42 und 43.
Viel Herz, viel Schmerz, viele schöne bunte Glanzbilder, das muß ganz einfach so sein. Und verschenken läßt sich so etwas auch:

- An eine Mitschülerin, die umzieht
- An nette Hausgenossen
- An Freunde oder Verwandte

Wichtig ist eigentlich nur, daß dem Beschenkten alle Albumschreiber bekannt sind.

An
Oma Lore
zu Hause

Klebe

Bastelspaß zum Verpacken

Riesenumschläge und Minis

Die Zeiten sind vorbei, in denen Geschenkpapier, Schleifchen und Bänder nach dem Auspacken überwiegend in den Müll gewandert sind. Heute wird darauf geachtet, ob all die Dinge, die wir zum Verpacken brauchen, wiederverwendbar sind. Riesenumschläge und Minis sind eine echte Alternative zu Glitzerpapieren, die zwar das Auge kurzfristig erfreuen, aber der Umwelt große Probleme bereiten. Packpapier bietet sich an. So ein großer Umschlag aus Packpapier läßt sich wieder und wieder verwenden.

Und so wird's gemacht: Je nach gewünschter Größe braucht man als erstes einen steifen Karton wie etwa die Rückseite eines Zeichenblocks und eine Rolle Packpapier. Karton auf das Packpapier legen und die Längsseite von oben und unten einschlagen,

wie es die Zeichnungen auf Seite 72 zeigen. An den Schmalseiten so viel stehenlassen, daß man den Umschlag bequem seitlich zukleben kann. Seitenklappen einknicken. Alles wieder auffalten und Breitseite zur Umschlagspitze von der Mitte bis zum Knick abschrägen. Spitze Kanten rechts und links eindrücken und nach innen falten. Umschlag seitlich zusammenkleben. Fertig.
Eine Phantasiebriefmarke mit zwei Kreisen als Poststempel macht den Umschlag so richtig wichtig, zumal wenn noch groß »Post« darauf steht. Je größer so ein Umschlag ist, desto größer ist auch die Wirkung. Und da man ihn wirklich oftmals verwenden kann, steht einem Riesenumschlag, selbst für kleinere Dinge, eigentlich nichts im Wege. Umgekehrt machen Miniumschläge wegen ihrer ungewohnten Kleinheit genauso großen Eindruck. In so einem Miniumschlag steht dann der Glückwunsch oder eine kleine Liebeserklärung.
Viel Spaß beim Verschenken und Verpacken!

Die Jahreszeit erleben

Wir sagen euch an den lieben Advent.
Sehet, die erste Kerze brennt!
Wir sagen euch an eine heilige Zeit.
Machet dem Herrn die Wege bereit!
Freut euch, ihr Christen, freuet euch sehr!
Schon ist nahe der Herr!

Wir feiern den 1. Advent

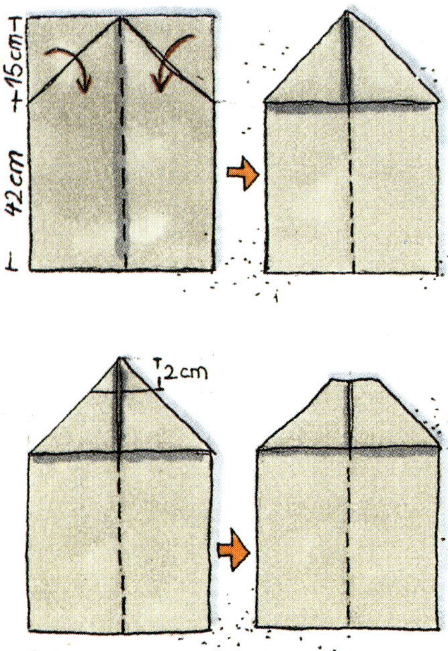

Weihnachtlicher Flieger

Dieser Flieger ist mal etwas ganz anderes!
Man kann ihn bei Kerzenlicht im Zimmer fliegen lassen oder als Fensterschmuck ans Fenster hängen.

Das braucht man:

- Schwarzes Tonpapier (DIN A3)
- Buntes Transparentpapier
- Schere
- Klebstoff

Nun kann die Bastelei losgehen!

So wird's gemacht:

- Den Papierflieger nach Anleitung basteln.
- Von den Faltkanten her schneidet man nach Belieben halbe Sterne, Halbkreise und andere geometrische Formen in den Flieger ein und hinterklebt diese mit buntem Transparentpapier.
- Es empfiehlt sich, den Flieger mit seinen Einschnitten zuerst auf normalem Papier zu üben.
- Und nun: Guten Flug!

Übrigens kann man mit diesem Flieger auch spannende Wettkämpfe veranstalten.

- Wessen Flieger legt die längste Strecke zurück?
- Welcher landet einem bestimmten Ziel am nächsten?

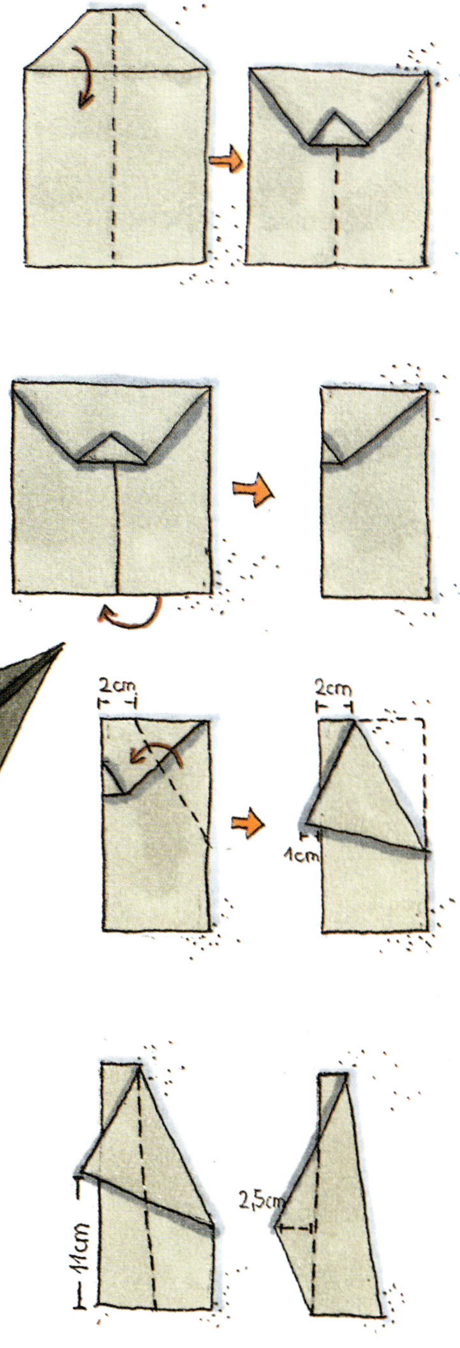

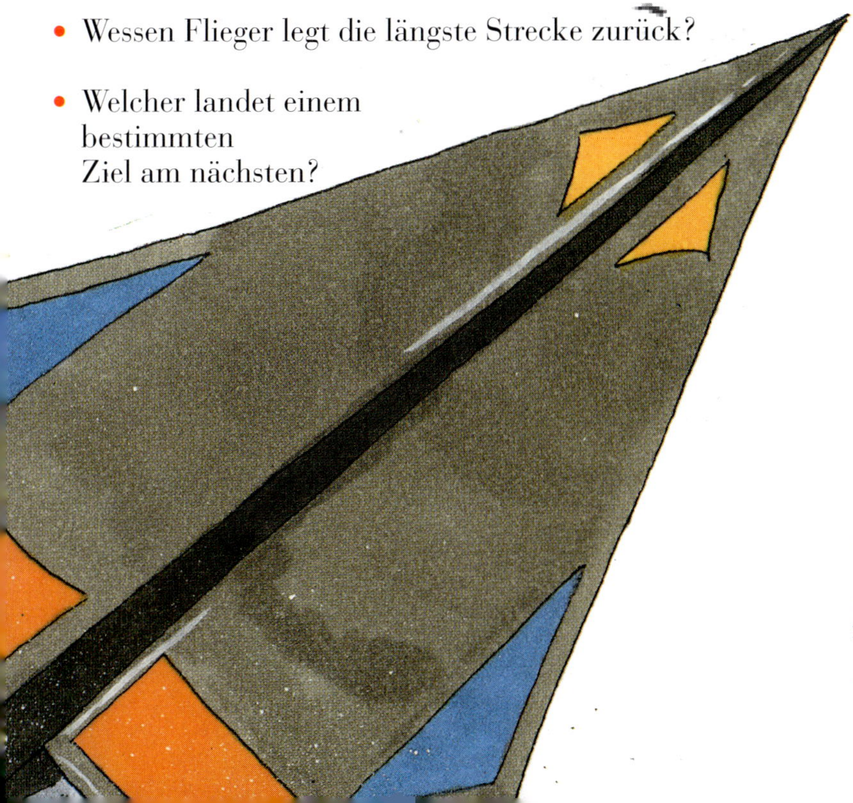

Wir sagen euch an den lieben Advent.
Sehet, die zweite Kerze brennt!
So nehmet euch eins um das andere an,
wie auch der Herr an uns getan!
Freut euch, ihr Christen, freuet euch sehr!
Schon ist nahe der Herr!

Wir feiern den 2. Advent

Adventsfrühstück
Wenn's draußen kalt und grau ist und man schon gar keine Lust hat aufzustehen, dann kann man sich ein wenig Stimmung mit einem gemütlichen Adventsfrühstück ins Haus holen. Den Tisch kann man mit ein paar Reisigzweigen und dem Adventskranz schmücken. Alle können mithelfen!

Und das ist die Speisekarte: • Adventspunsch • Gefüllte Bratäpfel • Froschburger

Adventspunsch

Zutaten für 4 bis 6 Personen:
1/2 Liter Orangensaft • 1 ausgepreßte Zitrone
1 Liter Früchtetee

Zubereitung:
• 1 Liter Wasser in einem Topf aufkochen

lassen und dann 3 Früchteteebeutel hineingeben. 10 Minuten ziehen lassen.
• Den Orangensaft und den ausgepreßten Zitronensaft zu dem Tee schütten.
• Nach Bedarf mit Honig süßen.
• Heiß servieren!

Gefüllte Bratäpfel

Zutaten: • pro Person 1 Apfel • Marmelade • etwas Zitronensaft • gehackte Nüsse
Zubereitung: • Die Äpfel waschen und das Kerngehäuse mit einem Messer vom Stielende oben her herausschälen. • Das Apfelinnere mit etwas Zitronensaft beträufeln. • Dann mit Marmelade und gehackten Nüssen füllen. • Im Backofen bei 200°C etwa 30 Minuten auf der mittleren Schiene backen.

Froschburger

Zutaten: • 4 flache Sesambrötchen • etwas Quark • 4 Kiwifrüchte • 8 Rosinen • 4 EL Haferflocken
Zubereitung: • Die Brötchen so aufschneiden, daß auf einer Seite die Hälften noch zusammenbleiben. • Die unteren Hälften mit Quark bestreichen und mit jeweils 1 Eßlöffel Haferflocken bestreuen. • Kiwi schälen und in etwa 1/2 Zentimeter dicke Scheiben schneiden.• Jeweils 2 Scheiben werden als Füße unter das Brötchen gelegt, zwei weitere Scheiben links und rechts als Schenkel angelegt. • Mit 2 Quarktupfern und den Rosinen werden die Augen aufgedrückt.

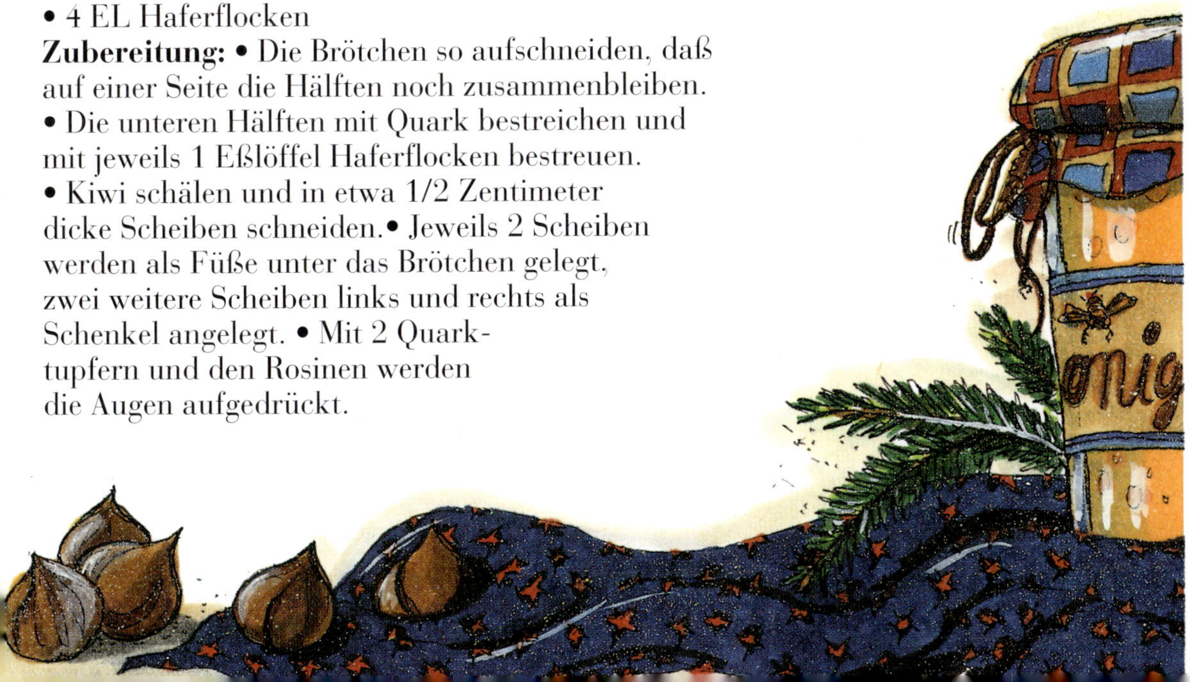

Wir sagen euch an den lieben Advent.
Sehet, die dritte Kerze brennt!
Nun tragt eurer Güte hellen Schein
weit in die dunkle Welt hinein!
Freut euch, ihr Christen, freuet euch sehr!
Schon ist nahe der Herr!

Wir feiern den 3. Advent

Knusperhäuschen

Das braucht man für den Pfefferkuchenteig: 500 Gramm Zucker • 6 Eier • abgeriebene Schale von 1 Zitrone • je 1/2 Teelöffel Zimt, Kardamon, Ingwerpulver und abgeriebene Muskatnuß • 1 gestrichenen Eßlöffel weißen Pfeffer • je 100 Gramm feingewürfeltes Zitronat und Orangeat • 1 Kilogramm Mehl • 20 Gramm Backpulver • 2 Kuchenbleche, die mit etwas Butter oder Margarine eingefettet werden (noch besser geht's mit Backpapier)

Für den Zuckerguß: • 250 Gramm Puderzucker • 2 Eiweiß

Zum Verzieren des Häuschens: • kleine Lebkuchen (rechteckige, runde, herzförmige) • Schokolinsen • Schokoladenstreusel usw.

Zum Hausbau: • 1 Lineal • Zeitungspapier • Bleistift • Schere

So wird's gemacht:

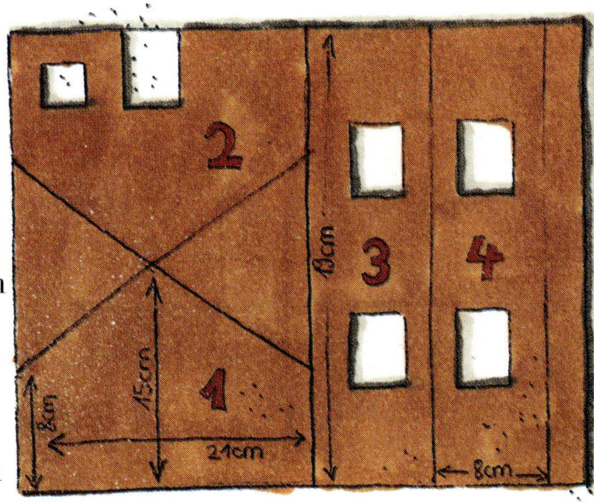

- Der Teig: Die Eier schaumig rühren. Zucker dabei einrieseln lassen. Zitronenschale, Gewürze, Zitronat und Orangeat zugeben und unterrühren. Das Mehl mit dem Backpulver mischen, über die Ei-Zucker-Mischung sieben und zu einem geschmeidigen Teig kneten. Den Teig in zwei Hälften teilen und auf den Backblechen etwa 1/2 Zentimeter dick ausrollen. Den Pfefferkuchenteig auf der mittleren Schiene etwa 10 Minuten im vorgeheizten Backofen bei 180°C backen.
- Eine Pfefferkuchenplatte wird mit einem Messer in warmem Zustand quer in der Mitte geteilt. Ausschnitt für den Schornstein ausschneiden.

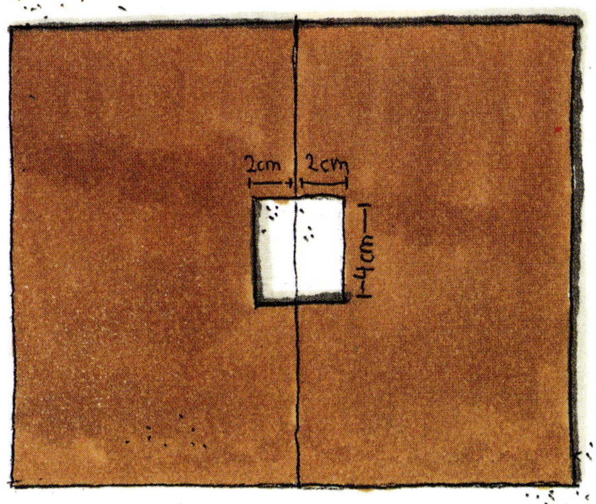

- Auf das Zeitungspapier werden die Hauswände und der Kamin wie angegeben aufgezeichnet und ausgeschnitten, dann auf die zweite Pfefferkuchenplatte gelegt und möglichst genau ausgeschnitten. Fenster und Türen nach Belieben einschneiden.
- Aus dem Puderzucker und dem Eiweiß wird eine glatte Klebemasse hergestellt.
- Auf einem Brett werden nun die vier Hauswände aufgestellt und mit Zuckerguß aneinandergeklebt. Mit Stecknadeln kann man die Mauern gegen Verrutschen sichern. Dann werden die beiden Dachhälften aufgeklebt. Zum Schluß den Kamin aufsetzen.

- Das Häuschen austrocknen lassen, bis die Zuckermasse und der Teig ausgehärtet sind. Stecknadeln wieder herausziehen!
- Nun das Häuschen mit den Lebkuchen und Süßigkeiten bekleben. Mit einem Spritzbeutel die restliche Zuckermasse als »Schnee« aufspritzen. Das Häuschen über ein angezündetes Teelicht stellen, und schon heißt's: »Knusper, knusper Knäuschen …«

Wir sagen euch an den lieben Advent.
Sehet, die vierte Kerze brennt!
Gott selber wird kommen, er zögert nicht.
Auf, auf, ihr Herzen, und werdet licht!
Freut euch, ihr Christen, freuet euch sehr!
Schon ist nahe der Herr!

Wir feiern den 4. Advent

Advent kommt vom lateinischen »adventus«, das »Ankunft« bedeutet. Wir warten in der Adventszeit auf die Ankunft Jesu Christi.

Eine Krippe aus Naturmaterialien
Im Herbst stecken Wald und Feld voller Materialien, die das Bastlerherz höher schlagen lassen. Für diese Krippe braucht man eine Wurzel aus dem Wald und ein Bündel Stroh vom Feld. Dann noch ein wenig Heu, Stroh und Moos, um die Hütte damit auszulegen. Alle Figuren, auch die Schafe, sind nach einem Grundmuster hergestellt, das auf den Seiten 58/59 beschrieben ist.
Für diese Krippenfiguren wurden statt der dicken Kopfperlen Kastanien geschält und zu Gesichtern geschnitzt und angemalt. Solange die Kastanien weich sind, geht das Schnitzen mühelos. Aber nach einer Weile schrumpeln die Kastanien. Da es aber sowieso keine Krippe für lange Dauer sein soll, ist das Kleinschrumpfen der Kastanienköpfe eigentlich kein Problem. Perlenköpfe sind genauso schön und halten zudem länger. Die Kleider sind angeklebt, zum Teil mit Stecknadeln festgesteckt. Die Tiere sind Drahtpüppchen, die auf alle viere gestellt wurden. Die Schafe kann man mit Watte oder, falls vor-

handen, mit ungesponnener Schafwolle umwickeln. Allerlei Fellrestchen finden hier Verwendung, ebenso Bänder, Rüschen und Bordüren, die nur lose angeheftet werden, damit man sie noch einmal verwenden kann. Das Kind in der Krippe liegt auf Heu und auf Stroh, genauso wie es im Weihnachtslied heißt. Arme und Beine sind mit Stoff bedeckt, nur der Kopf guckt raus. Viele Schafe machen eine Krippe so richtig heimelig. Hier können auch schon die Kleinen mitmachen, wenn die Großen es übernehmen, die Körper aus Draht herzustellen. Eine Lichterkette umrahmt zum Schluß die Krippe. Jetzt kann es Weihnachten werden ...

Eine Weihnachtskrippe, aus herbstlichen Naturmaterialien selbst gebastelt, verbreitet eine ganz besondere Adventstimmung.

Wir spielen mit Herbstlaub

»Winterdürr der Wald
und am Boden welkes Laub,
ganz von Rauhreif überzogen,
darauf herab fällt
des Mondes kalter Glanz«

(Fujiwara no Kiyosuke).

- Wenn die Blätter von den Bäumen fallen und der Wind so freundlich ist, sie alle miteinander auf eine Stelle zutreiben; dann sollte jedes Kind einmal die Chance haben, sich in diesem bunten Haufen zu suhlen wie ein Wildschwein.
  Im Zeitalter von Waschmaschine und Ökowaschpulver kann das Schmutzigmachen der Kleider bei so einem Erlebnis eigentlich kein Thema sein.
- Mit den Füßen durchs Laub schlurfen, das ist wohl ein echter Kindertraum, gegen den aber mancher Erwachsene etwas einwenden möchte. Doch es gibt keine stichhaltigen Einwände. Dieses Laubaufwirbeln muß sein. Erwachsene sollten es sich auch selbst einmal gönnen.
  Wie das riecht – das ganze Jahr lang duftet es nicht so. »Schlurfen und genießen« heißt die Parole.
- Warum fällt eigentlich im Herbst das Laub von den Bäumen?
  Die Bäume »ahnen« den Winter und richten sich auf den kommenden Frost ein. Wenn die Erde gefroren ist, finden die Wurzeln nicht mehr genügend Wasser, um damit das Blattwerk zu ernähren. So fangen die Bäume bereits im Herbst an, die grünen Nährstoffe, das Chlorophyll, aus ihren Blättern zu ziehen und in Stamm und Wurzeln zu speichern. Die Blätter verlieren dadurch ihr Grün und werden bunt. Aber sie haben keine Kraft mehr und fallen ab. Sobald sie abgefallen sind, fangen sie an zu welken und werden braun. Der Baum aber ist gerüstet für schlechte Zeiten. Er muß keine Blätter mehr ernähren. Er sorgt nur

noch für Stamm und Wurzeln, bis das Frühjahr kommt und der Kreislauf von neuem beginnt.

- Frischgefallenes Laub sammeln. Man muß sich beeilen, wenn man die leuchtenden Blätter aufheben und nach Hause tragen will. Ihr Leben ist fast schon Vergangenheit, sobald sie vom Baum fallen. Zu Hause nimmt man einen leeren Bilderrahmen und befestigt mit durchsichtigem Klebeband rund um den Rahmen die Stengel der Blätter, bis ein nicht zu dichter Kranz entsteht, der viel Licht durchläßt. Man kann den Rahmen vor das Fenster hängen und das Tageslicht oder die Herbstsonne hindurchscheinen lassen, oder man stellt im Dunkeln ein Teelicht hinter den Rahmen. So bunt ist der Herbst, ein großartiger Maler!

Herbstblätter beim Pressen am besten zwischen Löschblätter legen und danach beidseitig mit Haarspray besprühen. So erhalten sie einen mattseidenen Glanz.

Wer findet die größten Blätter? Rot, Gelb, Ocker, Grün und Braun sind die Farben des Herbstes. Man kann die Blätter auch wunderschön nach Farben sortieren.

Lustige Kastanienmännchen

Roß und Reiter aus Roßkastanien

Ob Zwerge, Männchen oder Tiere: Aus Kastanien lassen sich die lustigsten Figuren basteln. Dazu braucht man Kastanien, Bucheckernhülsen, Eicheln und dünne Zweiglein, die ruhig auch krumm sein dürfen, etwas Klebstoff (Alleskleber) und einen Bohrer zum Vorbohren, dazu noch etwas Phantasie – und schon geht's los!
Die Bilder geben Anregungen für Bastelideen. Doch der eigenen Kreativität sind keine Grenzen gesetzt.

Leider schrumpfen Kastanien sehr schnell, weil sie austrocknen. Aber wenn der »Kastanientierzoo« mit der Zeit unansehnlich wird, bleibt ein Trost: Der nächste Herbst kommt bestimmt.

Die lustige Maus hat Ohren aus Bucheckernschalen. Die Füße und das Schwänzchen bestehen aus getrockneten Zweigen.

Mit Kastanien, getrockneten Laubblättern, Bucheckern, getrockneten Pilzen sowie Pflaumen- und Kirschkernen lassen sich auf einer runden, mit Kork beklebten Sperrholzplatte schöne Ornamente gestalten.

Sammeln, sortieren, aufbewahren

Herbstkostbarkeiten

Indem sie sich jedem Stück, das sie aus der herbstlichen Natur mitgebracht haben, liebevoll zuwenden und Sorge dafür hegen, nehmen Kinder den Herbst ganz bewußt wahr.

Der Herbst gibt freiwillig, was er nicht in den Winter mitnehmen kann.
Während alle Blätter rasch welken, haben die Herbstfrüchte ein längeres Leben.
Um sich eine Weile an allem freuen zu können, wird eine Schachtel mit Holzspachteln oder Ästchen beklebt und mit Rollen und Hülsen dicht bei dicht gefüllt.
Ein Teil der offenen Vorderseite wird umgedrückt und als Fensterbank eingerichtet. Winzige Blumentöpfe, die man im Frühjahr gut zur Anzucht von Pflanzen gebrauchen kann, zieren die Fensterbank.
Und dann wird in Hülle und Fülle in die Rollen, Hülsen und Töpfchen das bunte Herbstgut verteilt.
Ganz hinten die großen Zweige, dann immer niedriger bis zu den Früchten in der vordersten Reihe.
Ein praller Garten voller Herbstkostbarkeiten, wie es sie nur einmal gibt im ganzen Jahr.

Das eignet sich für einen Trockengarten:

- Hagebutten am Zweig
- Kastanien in vielen Größen und Formen
- Trockenblumen
- Buntes Laub in allen Formen und Farben

Wenn die Tage kürzer werden, kann man seine Schätze immer wieder mal hervorkramen und sich daran satt sehen. Vielleicht erinnert die ein oder andere Kostbarkeit an einen schönen Ausflug in den herbstlichen Wald oder an einen vertrauten Platz, an dem man mit Freunden herrliche Stunden verbracht hat.

Mein He

September

23.9. *Herbstanfang –*
die Uhr wird
eine Stunde vorgestellt

24.9. *Sternzeichen Waage – bis 23.10.*

Oktober

1.10. *Sonntag – Erntedank*
15.10. *Kürbisfest*
(in einigen Gegenden)
16.10. *Kartoffelfest*
(in einigen Gegenden)
24.10. *Skorpion –*
bis 22.11.
31.10. *Halloween*

…st Tagebuch

November

2.11. Allerseelen

11.11. Sankt Martin

11.11. Faschingsbeginn

23.11. Sternzeichen Schütze – bis 21. Dezember

Dezember

Vier Adventssonntage

1.12. Erstes Türchen vom Adventskalender öffnen

4.12. Barbarazweige schneiden (Kirschen, Zieräpfel)

6.12. Nikolaus

22.12. Winteranfang

So endet diese Jahreszeit

Wem es gelingt, sich zumindest zeitweise der vorweihnachtlichen Hektik zu entziehen, kann die Beschaulichkeit, die Ruhe, aber auch den stillen Glanz dieser Wochen vor dem Weihnachtsfest genießen.

Am 21. Dezember geht auf dem Kalender der Herbst zu Ende, und am Tag darauf ist bereits Winter.
Meistens schneit es aber schon im November, und zu Weihnachten weht eine Art Frühlingsluft durchs Land, bevor auch der Winter im neuen Jahr zeigt, was er kann.
Im Herbst ist Advent, und früher als erwartet tönen aus den Läden und Kaufhäusern Weihnachtslieder. Wunschzettel werden geschrieben und Stollen und Lebkuchen gebacken.
Da es sehr früh dunkel wird, gibt es plötzlich mehr Zeit füreinander, zumal dann, wenn es draußen langsam ungemütlich wird.

Zu Hause wird's heimelig

Basteln, Spielen, Vorlesen und Singen gehören zum Herbst wie das Laub auf den Wiesen.
Wenn der Herbst zu Ende geht, steht Weihnachten unmittelbar vor der Tür.
Augen, Ohren, Nasen und Hände haben jetzt viel zu tun. Es wird immer weihnachtlicher. Christbäume werden reihenweise zum Kauf angeboten. Welchen Baum nehmen wir dieses Jahr – und vor allem, wie schmücken wir ihn? Wunschzettel werden geschrieben, und hier und da tauchen Schachteln auf, in denen sich Geheimnisse befinden. Stollen werden gebacken, und es duftet überall nach Gebäck. Jetzt ist Weihnachten nicht mehr weit, und die Vorfreude wird immer größer. Wird es schneien? Wenigstens am Heiligen Abend? Aber selbst wenn es nicht schneit, besteht kein Zweifel: Der Winter ist da!

Feste feiern mit Kindern

Kinder brauchen Feste und Feiern , um sich zu entspannen und um Phantasie und Kreativität anzuregen.

Feste sind nicht nur jene Tage im Jahr, denen eine stattliche Wunschliste vorausgeht, die sich möglichst Punkt für Punkt erfüllt, sondern auch äußerlich ganz unauffällige Tage.
Kinder brauchen Feste und Feiern, um die Seele baumeln zu lassen und den Alltag abzugrenzen. Aber Heiligabend, Geburtstag, Nikolaus und Ostern bieten nur kurze Unterbrechungen des Alltags.
Warum also keine Feste erfinden?

- Wenn es länger regnet, laden wir Kinder zum Regenfest ein. Es wird vorgelesen, gespielt, gesungen, gebastelt, gegessen und getrunken. Zum Schluß malen alle gemeinsam ein Regenbild. Die Natur braucht den Regen. Ist das kein Grund zum Feiern?
- Ein Kastanienfest, wenn die ersten Kastanien von den Bäumen fallen.
- Ein Laubfest, wenn der wilde Wein sich rot färbt und die Laubblätter miteinander wetteifern um die prächtigsten Farben.
- Ein Schneefest, wenn endlich der erste heißersehnte Schnee fällt.
- Ein Apfel- oder Pflaumenfest, bei dem zum Schluß ein dünner Hefeboden selbst belegt, gebacken und zum Abschied aufgegessen wird.
- Ein Verkleidungsfest, bei dem auch Puppen und Bären verkleidet werden.
- Ein Schätzefest, zu dem alle Kinder in einem Köfferchen oder einer Schachtel das mitbringen, was ihnen lieb und teuer ist. Dies ist eine sehr geheimnisvolle

Party, auf der Konsumlöwen nichts zu suchen haben, denn die wirklichen Kinderschätze kosten meist keinen Pfennig.

- Ein Pfannkuchenfest.
- Ein Genesungsfest, wenn jemand länger krank war.

Wie sagt der Volksmund? Man soll die Feste feiern, wie sie fallen.

Gewinnen und verlieren

Glück oder Zufall, Sieg oder Niederlage? Spielend lernt man, viele Lebenssituationen zu bewältigen.

Würde man Kindern – und auch Erwachsenen – freie Hand lassen, kämen für sie nur Spiele in Frage, an dessen Ende sie Sieger sind.
Viele mögen ein bestimmtes Spiel nicht spielen – etwa »Mensch ärgere dich nicht« –, weil sie dabei ständig verlieren. Gut gemeint sind alle Spiele ohne Verlierer und Gewinner.
Aber Konkurrenzsituationen gibt es nun einmal, und gerade im Spiel kann man sie spielerisch bestehen lernen. Zufall und Glück bestimmen manchen Spielsieg, machen aber auch Verlierer.
Also nicht eigenes Können oder Unvermögen bestimmt oftmals Sieg oder Niederlage. Kein Grund also, daß der Sieger sich aufbläst oder der Verlierer resigniert. Spiele sind wie das richtige Leben: mal rauf, mal runter. Wer verloren hat, versucht es noch einmal. Wer gewonnen hat, muß damit rechnen, daß die Glückssträhne abreißt. Das ist Spiel. Und Leben ist so ähnlich.
Kleineren Kindern ist es ziemlich egal, wer verliert und wer gewinnt. Hauptsache, das Spiel macht Spaß. Vielleicht sollte man sich bei ihnen gelegentlich mal wieder am wirklichen Sinn des Spielens orientieren und wieder Freude daran finden. Gewinnen oder Verlieren ist nicht mehr und nicht weniger als die Fransen an einem großen Teppich, der »Spiel« heißt.

Über die Autorin

Carola Schuster-Brink war praktizierende Kindertherapeutin, bildete dann Erzieherinnen aus und arbeitete als Redakteurin für Eltern-Kind-Zeitschriften. Als Mutter zweier Kinder kennt sie die vielfältigen Erziehungsprobleme und weiß, wie wichtig die Jahreszeiten im Kinderleben sind und welch heilsames Mittel Beschäftigung ist.
Der Titel entstand unter Mitarbeit von Patricia Mennen.

Literatur

Schuster-Brink, Carola: Lachen macht Erziehung leichter. Südwest Verlag. München 1995
Schuster-Brink, Carola: Wenn Erziehung an den Nerven zehrt. Südwest Verlag. München 1996

Quellennachweis

18: »Die zwei Wurzeln« von Christian Morgenstern. © Insel Verlag Frankfurt. – 19: »Freude am Herbstwind« von Paula Dehmel, aus: »Guten Morgen, Rumpumpel«. © Heinrich Ellerman Verlag München. – 36: »Der Bär und der Vogel« von Janosch, aus: »Das große Janosch Buch«. © Beltz & Gelberg Verlag Weinheim. – 63: »Am siebzehnten Oktebruar« von James Krüss, aus: »Der fliegende Teppich« von James Krüss. © Friedrich Oetinger Verlag Hamburg. – 82: »Winterdürr der Wald...« von Fujiwara no Kiyosuke, aus: »Sag ich's euch, geliebte Bäume...« von Federico Hindermann. © Manesse Verlag Zürich.

Bildnachweis

Archiv für Kunst und Geschichte, Berlin: 32; Ernst Fessler, Ravensburg: 5, 9, 14, 15, 16, 18, 19, 20, 23, 24, 29, 31, 35, 41, 43, 47, 49, 51, 53, 54, 55, 57, 59, 61, 63, 67, 69, 70, 80, 81, 83, 84, 87, 91, U4; Image bank, München: Titel (J. Heron); Tony Stone, München: U2 (Cameron Heryet); Foto Willem, France : 85 (3)

Hinweis

Das vorliegende Buch ist sorgfältig erarbeitet worden. Dennoch erfolgen alle Angaben ohne Gewähr. Weder Autorin noch Verlag können für eventuelle Nachteile oder Schäden, die aus den im Buch gemachten praktischen Hinweisen resultieren, eine Haftung übernehmen.

Impressum

© 1996 Südwest Verlag GmbH & Co. KG, München.
Alle Rechte vorbehalten

Redaktion: Michaela Breit
Projektleitung: Ernst Dahlke
Illustrationen: Gisela Dürr
Bildredaktion: Barbara Glöggler
Umschlag/Layout: Till Eiden
DTP/Satz: Reiner Löb

Produktion: Manfred Metzger
Druck: Color Offset, München
Bindung: R. Oldenbourg, München
Printed in Germany

Gedruckt auf chlor- und säurearmem Papier

ISBN 3-517-01786-8

Register